AI와 미디어 윤리

AI문고

인공지능 시대입니다. 기계가 인간의 인지를 대신하고, 사물이 인간을 통하지 않고 다른 사물과 직접 커뮤니케이션합니다. 이에 따른 인간 삶과 문명 변화를 정확히 이해·예측·대응하는 것은 이 시대 우리 모두의 과제입니다. AI문고는 인공지능 기술과 환경의 여러 주제를 10가지 키워드로 정리합니다. 관련 개념과 이론, 학계와 산업계의 쟁점, 우리 일상의 변화를 다룹니다. 인간과 기술의 현재, 미래를 세심히 분석합니다.

일러두기

- 인명, 작품명, 저서명, 개념어 등은 한글과 함께 괄호 안에 해당 국가의 원어를 병기했습니다.
- 외래어 표기는 현행 어문규정의 외래어표기법을 따랐습니다.

처음이세요?

전문가세요?

AI와 미디어 윤리

박선미

대한민국, 서울, 커뮤니케이션북스, 2025

AI와 미디어 윤리

지은이 박선미
펴낸이 박영률

초판 1쇄 펴낸날 2025년 4월 11일

커뮤니케이션북스(주)
출판 등록 2007년 8월 17일 제313-2007-000166호
02880 서울시 성북구 성북로 5-11
전화(02) 7474 001, 팩스(02) 736 5047
commbooks@commbooks.com
www.commbooks.com

ISBN 979-11-7307-990-0 03500

책값은 뒤표지에 표시되어 있습니다.

차례

AI의 시대, 윤리에서 답을 찾다

2022년 11월, 오픈AI(OpenAI)가 생성형 AI 챗GPT를 출시하면서 인류는 또 한 번의 기술 혁명을 경험한다고 해도 과언이 아닐 정도의 큰 변화를 겪게 된다. SF 영화에서나 보던 AI 기술을 내가 직접 다룰 수 있고, 심지어 AI와 협업해 나만의 콘텐츠를 손쉽고 빠르게 만들어 낼 수 있기에 비로소 4차 산업 혁명 시대에 살고 있음을 실감할 수 있었다. 이후 이미지, 영상, 음원, 코딩에 이르기까지 다양한 콘텐츠를 생성해 낼 수 있는 AI 도구들이 우리 일상에 빠르게 스며들었다.

하지만 AI에 대한 이용자가 늘수록, 우리는 점점 '무엇인가가 필요하다'는 자각을 하기 시작했다. 그것은 바로 '윤리'와 '도덕', 그리고 '규범'의 필요성이었다. AI가 나의 개인 정보를 침해하는 것은 아닌지, 또는 역으로 내가 활용하는 데이터가 누군가의 프라이버시나 저작권을 침해하는 것은 아닌지에 대한 명확한 확신이 없기 때문이었다.

전통적인 관점에서 윤리와 도덕이란 인간 사회가 원

활하게 작동하게 하고 개인 간 갈등을 최소화하려는 기본적인 목표를 가지고 있었다. 윤리는 인간이 지향해야 할 최고선(最高善)이고, 도덕은 그러한 윤리를 구체적으로 실행해 나갈 일종의 행동 지침이다. 그리고 이러한 사회적 합의에 어긋나는 행위에 대한 규제를 가하는 '규범'은 일종의 최저선(最低善)이다. 그 선을 넘어서게 되면 사회적 합의에 의해 만들어진 규제가 가해지게 된다.

우리는 이렇게 인간이 지향해야 할 최고의 가치 규범, 그리고 인간으로서는 넘지 말아야 할 경계선이 설계될 때 비로소 '사회'가 형성된다는 것을 역사적인 과정을 통해 알고 있다.

AI의 시대, 어떠한 사회가 설계돼야 할까?

아날로그 시대의 인류는 이러한 '윤리'와 '도덕', 그리고 '규범'에 대한 개인의 책무성이 높지 않았다. 사회적 합의와 민주적 절차를 통해 설계된 프레임워크가 항상 작동하고 있었기 때문이다.

하지만 AI의 시대로 진입하면서, 그리고 무엇보다 우리 스스로가 그러한 AI의 개발자이자 이용자로 참여하게 되면서 개인의 역할은 변화했다. 단순히 기술을 사용하는 이용자가 아니라 내가 입력한 데이터와 프롬프트가 AI를 기계 학습시키는 자료가 되고, 그렇게 학습한 AI는 또 다른 누군가에게 나와의 상호 작용 과정에서 학습한 결과를 전달할 수가 있기 때문이다. 그렇게 AI를 학습시키는 이용자들이 늘어나면 늘어날수록 나는 누군가가 입력한 데이터와 프롬프트의 학습과 생성 결과를 전달받는 위치에 놓이기도 한다.

긍정적으로만 평가한다면, 디지털 사회로 접어들면서 화두가 됐던 '집단 지성', '부분의 합이 전체보다 크다'라는 논리가 AI 시스템을 통해 더욱 견고하고 예측 가능성이 높은 시대로 진입했다고 볼 수 있다. 하지만 한편으로는 AI를 학습시키는 그 무수히 많은 이용자가 과연 우리 사회의 '최고선'을 지향하는 사람들일지에 대한 확신이 없다. AI의 복잡한 알고리듬을 명확하게 이해하고 통제할 수 있는 권한이 없는 우리에게, '최저선'을 침범하는 사각지대가 어디에서 발생하고 우리를 위협할지에 대한 두려움도 공존할 수밖에 없다. 따라서 AI의 시대, 우리는 기술을 활용하는 동시에 그 기술을 통제하고 견제할 수 있는 권한도 필요하다는 것을 서서히 인지해 오고 있다. 이 책은 그러한 문제의식에서부터 시작한다.

AI의 시대, 이용자가 가져야 할 역량

따라서 AI의 시대, 그 기술을 우리 사회를 위한 유익함으로, 그리고 우리 사회를 지속 가능하게 발전시켜 나갈 수 있는 방향으로 활용하려면 우리는 필연적으로 윤리와 도덕, 그리고 규범에 대한 인식을 가지고 있어야 한다.

AI 윤리를 연구하는 철학자 월터 시넛암스트롱(Walter Sinnott-Armstrong), 신경과학자 재나 셰익 보그(Jana Schaich Borg), 컴퓨터 과학자 빈센트 코니처(Vincent Conitzer)의 저서 『도덕적인 AI(Moral AI: And How We Get There)』는 "AI가 인간의 도덕을 이해할 수 있을까?"라는 질문에서부터 출발한다. 저자들은 이 책에서 모든 AI가 도덕적이지 않으며, 그들이 판단하는 도덕적인 AI란 '인간의 가치를 학습하고 구현하는 AI 개발'이라고 정의내렸다. 즉, AI가 인간이 올바른 판단과 결정을 내릴 수 있도록 보조하는 도구이자 시스템으로 개발돼야 함이 강조되고 있다.

이러한 관점에서 우리가 파악해야 할 것은, AI에게 윤리적 판단과 도덕적 행동 지침을 강조하기 이전에 우리가 그러한 관점을 학습시키고 개발해야 할 주체임을 인지해야 한다는 점이다.

AI의 시대, 이용자의 자세

저명한 물리학자이자 AI 시대를 대비하는 '생명의 미래 연구소' 공동설립자인 맥스 테그마크(Max Tegmark)의 저서 『라이프 3.0(Life 3.0: Being Human in the Age of Artificial Intelligence)』은 '인공 일반 지능(artificial general intelligence, AGI)'이라는 개념을 제시하고 있다. 이 책에서 저자는 하드웨어와 소프트웨어를 변경하는 능력을 기준으로 인류의 삶의 단계를 구분하고, '언젠가는 학습할 수 있을 뿐만 아니라 자체 하드웨어와 내부 구조를 재설계할 수 있는 인공 일반 지능'과 같은 새로운 기술에 초점을 맞추고 있다. 범용 인공지능이라고도 불리는 인공 일반 지능은 모든 상황에 두루 적용할 수 있는 AI로, 유튜브에서 종이접기 영상을 시청한 뒤 바로 이를 따라 하는 능력을 가진 인공지능을 말한다. 즉, 기존에 학습되지 않은 새로운 환경과 조건에서도 자율적으로 사고하고 문제를 해결할 수 있는 기술이다. 만약 이러한 인공지능에 '자아'와 같은 의식이 심어지게 된다면 인공지능은 스스로 추론뿐만 아니라 감정을 형성하고 창의성을 발휘할 수도 있을 것이다. 아이작 아시모프의 저서 『바이센테니얼맨』(1976)에서 인간이 되고자 하는 로봇이나, 스티븐 스필버그 감독의 영화 〈A.I.〉에서 부모님에게 사랑받고 싶어하는 꼬마 인공지능 로봇과 같은 존재도 이제는 허무맹랑한 이야기가 아닐 수도 있게 된 것이다.

그래서 우리에게 필요한 것은 무엇일까?

어쩌면 우리가 AI의 기술력에 감탄하면서도, AI에 지속적으로 기대하는 것은 바로 '인간성(humanity)'일 수 있다. 필자는 이를 부모들이 마치 갓 태어난 아기가 점차 "엄마", "아빠"와 같은 말을 배워 가기 시작하는 모습을 보면서, 언젠가는 든든한 부모의 동반자가 되어 줄 것이라는 기대감을 갖는 것과 유사한 것이라고 본다.

이러한 가운데 2024년 12월 오픈AI가 추론 모델 'o1'을 통해 이미 인공 일반 지능(AGI)을 달성했다는 내부 주장과 함께, "대부분 작업에서 대부분의 인간보다 더 나은 것을 달성했다"라는 메시지가 공표되기도 했다(임대준, 2024.12.8). 이제 우리에게는 AI를 잘 훈련시키고 학습시켜 인류의 동반자로 성장시켜 나가야 할 '준비'의 시간이 필요한 때다.

그래서 저자는 이 책을 준비하는 과정에서 지금 우리는 AI가 인간과 상호 작용하는 시대에 살고 있음을 전제로 했다. 인류 역사상 인간과 인간의 커뮤니케이션이 아니라, 기계와 인간의 커뮤니케이션은 감히 최초라고 말하고 싶다. 물론 사물 인터넷(IoT)이나 내비게이션 등 메시지 송수신의 기능을 하는 인간-기계의 상호작용은 이미 존재해 왔다. 하지만 그들은 인간이 입력하는 명령어에 정확하게 부응하기 위한 산출문만 제시할 뿐, 추론과 인식의 확장을 이끌어 내기 위한 노력을 보여 주지는 못한다.

반면, 지금의 생성형 AI는 이와 비교할 때 우리와 '긴밀히' 상호 작용하고 있다. 일례로 마이크로소프트의 생성형 AI인 코파일럿(Copilot)의 경우 "지금부터 나와 철학적인 대화를 나눠야 하는데 가능해?"라고 질문하면 "물론이죠! 철학적인 주제는 언제나 흥미롭고 깊은 사고를 요구하죠. 특정 주제가 있나요, 아니면 특정 철학자나 개념에 대해 이야기해 보고 싶으신가요? 예를 들어, 인간의 존재 의미, 윤리와 도덕, 자유 의지 등에 대해 이야기할 수 있어요. 어떤 주제로 시작할까요?"라며 나와 적극적으로 대화를 나눌 준비가 되어 있음을 보여 준다. 챗GPT(ChatGPT)의 경우 "내가 100페이지에 달하는 보고서를 너에게 전달하면 그 내용을 200자 내외로 요약하고, 저자가 핵심적으로 강조하는 내용과 더불어 연관되는 보고서들을 찾아 줄 수 있어?"라고 프롬프트를 입력하면 "네! 가능합니다"라는 답변과 함께 리뷰 요약문을 순식간에 산출해 준다. 그리고 최근 기준으로 관련 정보와 추가 자료도 리스트업해 준다. 중요한 점은 이들은 나와 끊임없이 상호 작용할 준비가 언제든 되어 있다는 점을 적극적으로 어필함으로써, 나와 동등한 커뮤니케이션의 주체로서의 역할을 수행하고 있다.

이러한 시점에서 우리는 AI가 나에게 정확한 결과를 제공해 주는 것에서 나아가, 내가 원하는 것이 무엇인지 스스로 알아주기를 바라는 '이심전심(以心傳心)'의 역량도 갖춰 주기를 서서히 기대하게 된다. 그리고 바로 그 지점에서 앞서 언급한 '윤리'와 '도덕', '규범'에 대한 가치가 필요해지기 시작한다.

AI가 나와 동등한 커뮤니케이션 주체로서 갖춰야 할 윤리적 관점은 공정성, 투명성, 책임성 등이 있을 것이다. 도덕적 관점에서는 의사 결정 과정에서 사회적 약자를 배제시키거나 특정 종교 또는 정치적 성향을 비하하는 편향성을 통제해야 한다. 규범적 관점에서는 타인의 개인 정보나 프라이버시를 침해하지 않아야 하며, 그로 인한 피해가 인간에게 돌아간다는 위험성을 인지해야 한다. 그리고 그것을 학습시키고 훈련시키는 책무는 인간에게 있다. 즉, AI의 윤리성은 AI에게 강요해야 하는 것이 아니라, 그것을 설계하고 활용하는 인간에게 주어지는 책무다.

저명한 SF 작가이자 생화학 교수였던 아이작 아시모프는 그의 대표작인 『아이, 로봇(I, Robot)』(1950)에서 유명한 '로봇 3원칙'을 소개한 바 있다. 3원칙은 다음과 같다(위키피디아 참고).

제1 원칙: "로봇은 인간에 해를 가하거나, 혹은 지시를 무시함으로써 인간에게 해가 가도록 해서는 안 된다."

제2 원칙: "제1원칙에 어긋나지 않는 한 로봇은 인간의 제1 원칙에 어긋나지 않는 지시에 복종해야 한다."

제3 원칙: "로봇은 제1 원칙과 제2 원칙에 어긋나지 않는 한 자신의 존재를 보호해야만 한다."

그리고 이후 추가된 제0원칙은 다음과 같다. "로봇은 인류에게 해를 가하거나, 행동을 하지 않음으로써 인류에게 해가 가도록 해서는 안 된다."

거의 한 세기 전 제시된 이 원칙들이 드디어 본격적으로 활용될 때가 왔다. 제1 원칙은 AI의 활동 범위를 인간에게 무해한 범위 내로 제한하고, 제2 원칙은 AI가 인간이 유용하게 활용해야 할 '도구'라는 점을 명확하게 제시함으로써 자연인(自然人)과 동등한 권리의 주체가 아님을 명시한다. 제3 원칙은 AI가 작동하는 동안 스스로가 수명을 다하지 않도록 지속 가능성을 가져야 하며, 그것이 제1 원칙과 제2 원칙의 범위 내에서 허용됨을 다시 한 번 주지시킨다. 그리고 궁극적으로 AI는 한 사람 개인을 위한 도구가 아니라, 모든 인류를 위한 도구임을 잊지 않아야 한다.

AI의 시대, 윤리성의 방향을 모색하다

저자는 AI 전공자가 아니다. 따라서 알고리듬이나 머신러닝 등 AI의 기술적 개념들에 대해서는 지금도 공부를 진행하고 있다.

그럼에도 불구하고 인공지능 총서에 참여하기로 한 이유는, 지속적으로 AI의 윤리성에 대해 고민해 온 한 사람의 이용자이기 때문이다.

청소년 시절에는 막연하게 이 세상을 안전하게 유지하면서도 필요한 경우 혁명적 변화를 이끌어 낼 수 있는 힘은 '법'의 영역에만 있다고 생각했다. 역사적인 개헌(改憲)의 과정과 대통령 직선제가 실현되는 것을 뉴스로 보며 어린 마음에도 큰 설렘을 느꼈고, '민주주의'라는 개념을 제대로 모르면서도 좋은 법이 좋은 세상을 만들 수 있을 것이라는 어렴풋한 세계관을 형성할 수 있었다.

그래서 법학을 전공하기로 마음먹었는데, 학부 4년 동안 두꺼운 법전과 딱딱한 전공 서적들에 흥미를 잃으면서 10대의 열정이 식어 갔다. 하지만 그중 유일하게 건진 개념이 바로 '리걸 마인드(legal mind)'였다. 법률가들은 사건에만 매달려서는 안 되며, 그 사건과 세상을 아우르는 법질서라는 큰 관점에서 상황을 판단해야 한다는'리걸 마인드'의 개념은 학부를 졸업한 뒤 언론학을 전공하면서도 계속 이어졌다. 이때부터 좋은 세상은 좋은 법만 존재해서는 안 되며, 그것은 가장 기본적인 안전망에 불과하다는 것도 알게 됐다. 모든 사회 구성원이 지향해야 할 최고의 가치관이 제대로 정립되는 과정이 사회적 합의를 통해 형성될 때, 올바른 사회가 지속 가능성을 확보할 수 있다는 것도 뒤늦게 알게 됐다.

언론학을 전공하는 학부생을 대상으로 「언론법」 강의를 오랫동안 진행해 오면서, 이러한 리걸 마인드와 사회적 가치의 방향성을 지속적으로 고민해 왔다. 아날로그 시대에 미디어와 관련한 법적 이슈는 너무나도 단순했다. 민주주의 사회에서는 인간의 표현의 자유가 당연히 보장돼야 하지만, 표현의 자유가 지나치게 확대될 경우 누군가의 기본권이 침해될 가능성도 커진다. 그것이 명예가 될 수도 있고, 초상권이나 성명권 등 프라이버시가 될 수도 있다. 표현의 자유 vs 프라이버시권의 대결만 명확하게 구분하고 이에 대한 해결 방안을 모색하면 대부분의 갈등은 해결될 수 있었다.

하지만 디지털 사회로 진입하면서 이 구도는 복잡해지기 시작했다. 원본과 복사본의 구별이 불가능해지고, 누구나 창작이 가능한 시대가 됐다. 아날로그 시대에는 쓰면 쓸수록 재화의 가치가 떨어져 결국 소멸하게 되는데, 디지털 시대에는 오히려 더 많이 쓰여야 재화의 가치가 증대된다. 하나의 콘텐츠가 다양한 형태의 부가 가치를 창출하는 형태로 활용되는 OSMU(one source multi use) 시대로 진입하면서 복제와 창작의 영역이 매우 복잡하게 얽히기 시작했다. 이용자가 많아질수록 가치가 높아짐에 따라 선정적이고 자극적인 콘텐츠가 빠르게 확산됐지만, 이를 규제하는 것은 개인의 표현의 자유를 침해하는 과잉 규제가 될 수도 있다. 하지만 한편으로는 이로 인해 피해를 보는 개인의 기본권도 보호해야 할 필요성이 크다. 이는 곧 보호 법익을 비교 형량하는 것이 혼란스러워짐을 의미한다. 실시간으로 복제와 창작이 이뤄지는 디지털 세상에서 보호해야 할 권리의 주체는 누구이며 규제를 가해야 할 주체는 누구인지에 대한 명확한 선긋기도 어려워진다. 유명 가수의 뮤직비디오를 따라 하는 아이의 동영상을 개인 블로그에 올린 것이 음원 권리자의 저작권을 침해한 것이라는 분쟁(사건 번호

2010나35260)이 될 수도 있고, 마약과 관련한 혐의로 구속된 여배우의 수의 사진과 이를 풍자하는 네티즌들의 패러디 이미지들을 삭제해 달라는 요청에 응하지 않은 포털 사이트를 대상으로 한 명예 훼손(사건 번호 2007나10234) 소송도 제기될 수 있다. 이러한 현상은 보호해야 할 권리의 주체가 명확하지 않음에 따라 가해자와 피해자도 구분하기 어려운 상황을 초래하게 됐다.

그런데 AI 시대에는 이보다 더 복잡한 상황, 심지어 복잡하다는 사실을 파악하기조차 어려운 상황에 봉착하게 된다. 앞서 아시모프의 로봇 3원칙을 소개하면서 AI는 인간의 '도구'일 뿐, 권리의 주체가 될 수 없음을 살펴본 바 있다. 실제로 현행법과 규범도 이와 같은 관점을 가지고 있다. 하지만 이미지 제작 AI 도구에 창의적인 프롬프트를 입력해 멋진 그림을 완성했다면, 그리고 그 그림이 공모전에서 1등을 차지했다면 법은 누구에게 그 저작권을 인정해야 할것인가? 그림을 그린 AI를 화가로 인정해야 하는지, 아니면 단 한 번도 붓을 들지 않고 명령어만 입력한 이용자가 화가인지? 이용자를 화가로 보기 어렵다면, 그가 창의성을 발휘해 AI에게 입력한 프롬프트는 저작권의 보호 범위가 될 수 없는가? 이용자를 화가로 인정한다면, 그의 지시대로 그림을 그린 AI가 기존에 학습했던 이미지들을 그림에 반영한 것은 원저작자에 대한 권리 침해가 아니라고 단정지을 수 있는가? 이처럼 꼬리에 꼬리를 무는 '판단 요인'들이 등장함에 따라 현행법으로는 명확한 판결을 내리기 어려운 현상들이 지금 이 순간에도 지구촌 곳곳에서 발생하고 있다.

하지만 의외로 답은 명쾌하다. 이러한 현상은 단순히 법적 규제만으로는 결코 해결할 수 없다.

이 책은 우리가 AI를 올바르게 이용하고, 나아가 인류를 위한 도구로 활용해 나가기 위해서는 단순히 법적 규제만으로는 부족하다는 점을 다루고 있다. 앞서 언급한 바와 같이, 인류와 AI가 공동으로 지향해야 할 최고선도 필요하고 그에 따른 최저선도 요구된다. 이를 위해 AI 시대, 최고의 선을 새롭게 개념 짓기 위한 미디어 윤리에 대한 논의가 곳곳에서 빠르게 진행되고 있다. 그러한 동향과 세부 사례들을 살펴봄으로써, 이 책을 읽고 있는 이용자들 또한 스스로의 윤리적 가치도 발견할 수 있고자 함이다.

제1장에서는 AI와 생성형 AI의 개념을 살펴보고, 각각의 특징을 진단한다. '4차 산업 혁명', '인공지능'이라는 말이 나와는 관련없다고 생각했던 불특정 다수에게 어느날 갑자기 찾아온 '생성형 AI'는 '특정한 이용자'로서

의 지위를 부여해 줬다. AI가 불러온 새로운 미디어 윤리의 방향성을 찾는 첫걸음이 이 장에서 진행된다.

제2장에서는 AI 시대 다양한 미디어 이슈를 살펴본다. AI가 우리에게 미치는 영향력이 커질수록 이와 관련한 이슈도 점차 확장되고 있다. 현재까지 다뤄지고 있는 주요 이슈인 편향과 확증 편향, 에코 버블 등 AI 시대 더욱 강조돼야 할 미디어 이슈들을 진단해 본다.

제3장에서는 AI 시대 미디어의 사각지대가 다뤄진다. 앞서 언급한 바와 같이 디지털 시대에 진입하면서부터 대중이 명확하게 파악하기 어려운 사각지대들이 발생해 오고 있다. 이곳에서는 인간의 권리에 대한 침해가 이뤄질 수 있으며, 그러한 침해에 대한 보호와 규제의 잣대도 명확하게 수립되기 어려워진다. 알고리듬으로 작동되는 AI 시스템에서는 이러한 사각지대가 훨씬 깊어진다. 이러한 가운데 신뢰할 만한 AI의 윤리성을 확보하는 것이 주요한 과제로 대두되고 있는 최근 동향을 살펴본다.

제4장에서는 2024년 3월, 세계 최초로 인공지능에 대한 포괄적 규제를 발표한 EU(유럽연합)의 AI법(AI Act)을 살펴본다. AI에 대한 전반적인 영역에 대한 프레임워크가 어떻게 설계됐는지, 그리고 그것이 가져올 파급 효과는 어떠한지에 대해 살펴본다.

제5장에서는 OECD의 AI 가이드라인을 다루고 있다. 2019년 5월, 회원국들의 만장일치로 AI 권고안을 채택한 OECD는 5개 일반 원칙과 5개 정책 권고 사항이 포함된 AI 원칙(AI Principle)을 시행해 오고 있다. 정기적으로 모니터링·보고서를 발간해 오고 있는 OECD의 AI 원칙을 살펴보고 진단한다.

제6장에서는 2024년 『인류를 위한 AI 관리(Governing AI for Humanity)』 보고서를 발간한 UN의 AI 가이드라인을 살펴본다. 인공지능 자문 기구를 중심으로 인간 중심의 AI 가이드라인을 운용해 오고 있는 UN의 사례를 통해 인류를 위한 AI의 활용 방안을 모색해 본다.

제7장에서는 한국의 AI 윤리 가이드라인을 살펴본다. 2020년 12월, 대통령 직속 4차산업혁명위원회에서 '인공지능 윤리 기준'을 발표한 이후 다양한 영역에서 이에 대한 논의가 이뤄지고 있다. 한국형 AI 윤리는 어떠한 관점에서 형성되어 가고 있는지를 검토해 본다.

제8장에서는 글로벌 플랫폼의 AI 가이드라인과 미디어 윤리를 진단한다. 마이크로소프트, 구글 등 AI 시스템을 구축한 빅테크 기업들은 물론, 오픈AI에 이르기까지 기업들이 추구하는 AI 윤리의 방향성을 살펴본다.

제9장에서는 AI 시대 미디어 윤리의 시사점을 정리해

본다. 국제 기구와 한국 정부, 그리고 글로벌 빅테크 기업들에 이르기까지 다양하게 제시되고 있는 AI 윤리와 이를 실천하기 위한 가이드라인을 살펴봄으로써 새로운 미디어 윤리의 방향성이 무엇인지를 고찰해 본다.

마지막으로 제10장에서는 디지털과 모바일을 넘어 포스트 모바일 시대를 준비하고 있는 미디어 환경에서 AI가 던진 화두가 무엇인지를 살펴본다. 특히 6세대 이동통신 서비스가 대중화될 시점에서 공간 컴퓨팅 등 미디어 환경의 큰 변화가 이뤄질 것으로 예상되는 가운데, AI는 어떠한 윤리적 방향성을 가져야 할 것인지를 진단하는 것으로 마무리한다.

참고문헌

임대준(2024.12.8). 오픈AI직원 "AGI 이미 달성" 주장..."사람들이 알아차리기 어려울 것". ≪AI타임스≫, https://www.aitimes.com/news/articleView.html?idxno=166029

Tegmark, M.(2017). *Life 3.0 being human in the age of artificial intelligence*. Penguin Random House.

Sinnott-Armstrong et al.(2024). *Moral AI: And how we get there*. Pelican Books.

로봇공학의 삼원칙(위키피디아), https://ko.wikipedia.org/wiki/로봇공학의_삼원칙

01
AI와 생성형 AI

4차 산업 혁명 시대, AI가 우리 삶의 일부가 될 것이라는 전망이 곳곳에서 제시됐지만 체감도는 높지 않았다. 하지만 이용자와의 상호협업이 기반이 된 생성형 AI가 등장하면서부터 AI는 우리의 일상에 성큼 다가왔다. AI와 생성형 AI는 이용자 측면에서 어떠한 차이점이 있는지 그 개념을 진단함으로써, AI가 불러온 새로운 미디어 윤리의 방향성을 찾는 첫걸음을 시작한다.

AI와 1인 창업?

AI의 출발점

AI의 역사는 우리가 아는 것보다 훨씬 오래전으로 거슬러 간다. AI의 등장은 기계 학습(machine learning)과 딥러닝(deep learning)에서부터 출발한다.

AI의 역사는 앨런 튜링(Allen M. Turing)의 「계산 기계와 지능(Computing Machinery and Intelligence)」(Turing, 1950)이라는 논문에서부터 시작된다는 것이 공통적인 견해다. 튜링은 논문의 첫 문장을 "기계가 생각할 수 있는가?(Can machines think?)"로 시작한다. 이 짧은 문장에서 '기계'와 '생각'이라는 단어가 결합됐다는 것만으로도 당시 반응은 '이해하기 힘들다'라는 것이었다. 따라서 튜링은 이를 일반인들에게 이해시키기 위해 '모방 게임(imitation game)'이라는 개념을 가지고 왔다. 그리고 여기에서 기계가 게임에 직면한 과정에서 인간과 유사한 학습과 추론, 즉 생각을 할 수 있다는 가정을 제시했다. 이는 디지털 컴퓨터가 인간의 행동을 매우 밀접하게 모방할 수 있다는 사실을 받아들여야 할 시점이 되었다는 것이다. 여기에서 인공지능 판별 기준인 '튜링 테스트(Turing test)'가 등장했다.

튜링에 의해 AI가 개념화되고, 기계가 사람과 구별할 수 없는 지능적인 행동을 보일 가능성이 제시되면서부터 AI에 대한 연구가 본격적으로 이루어졌다. 이후 1956년 다트머스 회의에서 공식적으로 '인공지능(artificial intelligent, AI)'이라는 용어가 탄생했다. 이때부터 튜링이 던진 질문인 "기계가 생각할 수 있는가?"는 "기계가 지능을 가질 수 있는가?"로 전환되게 된다.

AI의 전환점

AI가 이렇게 발전해 오는 동안 우리는 AI의 시대를 맞이하고 있다는 것을 쉽게 체감하기 어려웠다. 인공지능이라는 개념은 일반인이 근접하기에는 어려운 성역으로 보였기 때문이다.

하지만 생성형 AI(generative AI)의 등장은 우리의 일상에 빠르게 인공지능을 스며들게 했다. 명칭에서도 알 수 있듯이 생성형 AI는 텍스트, 오디오, 비디오, 사진, 코드와 같은 다양한 형식으로 사용자 프롬프트에 따라 새로운 콘텐츠를 생성할 수 있는 인공지능 알고리듬의 새로운 유형이다(Singh, 2024). 미디어 팩트 체크를 지속적으로 수행해 오고 있는 영국의 비영리 단체 풀팩트(Full Fact)가 2024년 발간한 『AI 시대의 신뢰와 진실(Trust and truth in the age of AI)』 보고서에서는 생성형 AI를 '오디오, 텍스트 또는 비디오 등 새로운 콘텐츠를 생성할 수 있는 머신 러닝 모델'로 정의내리고 있다. 특히 대규모 데이터 세트에서 학습되어 해당 데이터의 패턴을 기반으로 프롬프트나 질문에 대한 가장 가능성 있는 응답을 예측해 내는 시스템이라고 설명한다. 이러한 개념적 정의에서 알 수 있듯이, 생성형 AI는 이용자와의 상호 작용이 매우 중요하다.

또한 AI가 데이터 분석 · 예측이라는 큰 카테고리를 가진다면, 생성형 AI는 학습한 데이터를 바탕으로 새로운 데이터를 생성해 낸다는 점에서 차이점이 있다. 즉, AI는 데이터 분석과 그에 대한 해석 · 예측 가능성을 제시하는 데에 특화돼 있다면 생성형 AI는 기존 데이터를 학습해 새로운 콘텐츠, 즉 전혀 다른 무엇인가를 만들어 내는 데에 그 차이점이 있다.

생성형 AI는 2014년 적대적 생성 신경망(generative adversarial networks, GAN) 개념에서부터 출발한다.

GAN은 서로 대립하는 두 시스템의 경쟁을 통해 학습하는 방법론이다. 예를 들어 A는 위조지폐를 만들어 내는 시스템이고 B는 위조지폐를 감별하는 시스템이라 가정한다면 A와 B가 경쟁하는 과정을 통해 B가 위조지폐를 구분할 수 없을 때까지 A가 학습하는 구조라고 할 수 있다. 즉, 생성자(generator)와 판별자(discriminator)가

서로 경쟁하는 과정을 통해 정보를 학습하는 것이다(추형석, 2017). 따라서 적대적 훈련을 기반으로 하는 네트워크에서 이익과 손실의 제로섬 경쟁을 통해 설득력 있고 구별하기 어려운 합성 데이터가 생성되는 과정을 특징으로 한다(Chandra, 2024). 우리 인체의 신경계가 교감 신경과 부교감 신경으로 구성돼 이들의 균형이 적절히 이뤄질 때 건강이 유지될 수 있는 것처럼, GAN은 생성되는 데이터의 참과 거짓, 이익과 손실의 적대적 관계가 제로섬에 이를 때 비로소 완벽한 생성물이 만들어질 수 있다는 논리라 할 수 있다. 이러한 논리대로라면 생성형 AI는 진실과 거짓의 끊임없는 대결을 통해 결국 진실이 살아남는 치열한 전투의 과정을 내포한다고 할 수 있다.

이와 같은 생성형 AI가 우리에게 갑자기 성큼 다가오게 된 계기는 2022년 11월 오픈AI(OpenAI)에서 '챗GPT(ChatGPT)'를 배포하면서부터다. 챗GPT에서 GPT는 'generative pre-trained transformer'의 약자로, 직역하면 사전 학습된 생성형 트랜스포머다. 여기에서 우리가 주목해야 할 단어는 '트랜스포머'다. 동명의 유명 영화를 연상하면 쉽게 이해될 수 있듯이, 트랜스포머는 변환시킴을 의미한다. 그 변환의 과정에서 인간과 AI 간의 메시지가 송수신되며, 암호화와 해독화를 통해 새로운 콘텐츠가 만들어진다.

암호화 과정인 인코더(encoder)와 해독화 과정인 디코더(decoder) 사이에서 커뮤니케이션의 주체는 인간과 AI다. 인간이 AI에게 명령어를 입력하면 암호화 과정이 시작되며, 이것을 AI가 해독화하는 과정에서 수많은 데이터가 동원된다. 예를 들어 당신이 "빨간색 과일을 찾아줘"라는 명령어를 생성형 AI에게 입력하면 그것은 AI에게 일종의 암호다. AI는 이 암호를 해독하기 위해 자신이 학습한 데이터를 총동원해 그중 가장 관련도가 높은 응답을 찾아내는 해독화 과정을 진행한다. 그리고 "빨간색 = 과일"이라는 암호에 관련도 높은 학습 결과물을 도출하고, 당신에게 "사과, 딸기, 석류, 체리, 토마토"의 결과물을 제시한다. 여기에서 더 나아가 당신이 어떠한 추가 질문을 할 것인지도 미리 예측해 "토마토는 사실 과일입니다"라는 문장과 이를 입증할 수 있는 참고 문헌도 함께 제시하는 센스를 발휘할 정도로 생성형 AI의 트랜스포밍 능력은 나날이 발전되고 있다.

매년 『AI 인덱스 리포트(AI Index Report)』를 발간해 오고 있는 스탠포드 대학교는 2024년도 보고서에서 현재 AI는 다양한 작업에서 인간의 능력을 능가하는 성능 수준을 달성했다고 진단했다. 수년에 걸쳐 AI는 2015년 이미지 분류, 2017년 기본 독해 이해, 2020년 시각적 추론, 2021년 자연어 추론과 같은 벤치마크(benchmark: 조사 대상을 여러 가지 방법으로 측정해 표준화하는 과정)에서 인간 기준선을 능가한 것으로 나타났다. 2023년 기준 AI가 인간의 능력을 능가하지 못하는 작업 범주로는 시각적 · 상식적 추론과 고급 수준의 수학적 문제 해결과 같은 좀 더 복잡한 인지 영역인 것으로 보고된다(Stanford University, 2024). 이는 AI가 이미 보편적인 인간의 인지 능력 수준에 도달했음을 의미한다.

AI는 자연어 처리(natural language processing, NLP) 과정을 통해 텍스트를 이해하고, 해석하고, 생성하고, 변환한다. 자연어 처리란 컴퓨터가 인간의 언어를 이해하고, 해석하고, 생성하도록 개발된 방법과 알고리듬을 의미한다. 챗GPT는 이러한 자연어 처리 작업에서 우수한 성능을 보인 것으로 평가받고 있으며, 대규모 데이터 세트와 강력한 컴퓨팅 자원을 활용해 높은 정확도와 효과성을 제공하고 있다(Arisoy, 2024). 예를 들어 냉장고 속에 있는 다양한 식재료 사진을 찍어 생성형 AI에게 전송하며 "채식주의자에게 적합한 레시피를 알려 줘"라는 프롬프트를 입력하면, AI가 적합한 레시피를 생성해 내는 것이다. 이미 우리에게는 이러한 AI 활용법이 일상에 자리잡아가고 있지만, 그 이면에는 매우 복잡한 자연어 처리 알고리듬이 작동하고 있는 것이다.

하지만 한편으로는 이러한 자연어 처리 과정에 AI의 편향성을 발생시키는 요인이 형성되기도 한다. 자연어 처리는 개인의 의식에 작용하는 논리성을 확보하고, 이는 개인을 통제하는 것도 가능함을 의미하기 때문이다. 따라서 의료와 안보 등 민감한 응용 분야에서 AI가 많이 사용될수록 공정하고 공평한 자연어 처리 모델을 확보하는 것이 중요해지고 있다.

또한 인간이 학습하기에는 지나치게 방대한 양의 데이터를 빠른 시간 내 학습하고 패턴을 추출한다는 점이 AI의 장점이자 특징이기도 하지만, 한편으로는 '학습한 범위 내'의 데이터에서만 산출물을 제공한다는 점도 주목해야 한다. 인간의 경우 끊임없이 스스로가 인지하지 않은 미지의 분야에 대한 호기심과 지적 충족 욕구가 발생하지만, AI에게는 이러한 욕구가 내재되어 있지 않기 때문이다. 무엇보다 학습된 데이터 세트 내부에 오염되거나 편향된 데이터들이 포함돼 있다면 AI가 생성해 내는 패턴과 산출물 또한 환각이나 편향성을 보일 수 있다는 문제점이 있다.

더불어 AI가 만들어 내는 콘텐츠에 대한 권리도 고민해야 할 시점이다. 2024년 UN 산하 국제전기통신연합(International Telecommunication Union, ITU)가 개최한 글로벌 서밋에 참여한 전문가들에 따르면, 2025년까지 온라인 콘텐츠의 90%가 AI에 의해 생성될 것으로 예측된다. 그리고 여기에서 제기되는 첫 번째 질문은 바로 "생성형 AI가 생성한 콘텐츠는 인간의 저작물인지, 아니면 AI의 저작물인지?"다. 여기에 최근 사회적 논란이 되고 있는 딥페이크(deep fake) 콘텐츠에는 윤리적이고 사회적인 질문도 추가될 것이다. AI를 통해 더 현실적이고 설득력 있는 미디어 콘텐츠가 생성되기 시작하면서, 과연 어떤 것이 실재이고 어떤 것이 가상인지에 대한 판단 기준은 지식 재산권과 같은 경제적인 영역에서도 주요 이슈가 되고 있다.

참고문헌

추형석(2017). 적대적 생성신경망(Generative Adversarial Network)의 소개와 활용 현황. ≪월간SW중심사회≫, 9월호. https://www.spri.kr/posts/view/21883?code=industry_trend

Arisoy, A.(2024). *Natural language processing algorithms and performance comparison.* Yalvac akademi dergis.

Chandra, B.(2024). Building a generative adversarial network for image synthesis. *Indian scientific journal of research in engineering and management*, 8(07), pp.1–10.

Elamin, M. O.(2024). AI through the ages: Unlocking key opportunities and navigating challenges in the history and future of artificial intelligence. *International Journal of Religion*, 5(12), pp.1152–1166.

Full Fact(2024). *Full Fact report 2024: Trust and truth in the age of AI.*

Singh, K.(2024). *Principle of generative AI: A technical introduction.* Carnegie Mellon University Tapper School of Business.

Stanford University(2024). *Artificial Intelligence Index Report 2024.*

Turing, A. M.(1950). Computing machinery and intelligence. *Computing machinery and intelligence*, 49, pp.433–460.

02

AI 시대 미디어의 이슈

AI가 우리에게 미칠 영향력이 점차 커지고 있는 가운데, 이와 관련한 이슈의 범위도 점차 확장되고 있다. 언제 어디서나 AI와 함께하는 시대, 우리가 주목해야 할 이슈는 무엇인지를 진단하고 이에 대한 올바른 미디어의 방향성을 살펴봄으로써 '이슈'와 '과제'를 함께 도출해 본다.

AI와 MBTI?

AI는 어디에나 있다

국제전기통신연합은 2024년 발간한 『좋은 영향을 위한 AI(AI for Good Impact)』 보고서에서 “인공지능은 어디에나 있다(AI is everywhere)”라는 것을 강조했다. UN 산하의 여러 기구는 이미 각 분야에서 다양한 AI 활용 활동을 수행해 오고 있으며, UN의 지속 가능 발전 목표(SDGs) 달성을 위한 다양한 프로젝트 사례도 만들어 오고 있다. 이는 기후 변화에 대한 대응, 불평등 감소, 평화 구축 등의 분야에서 AI의 활용이 점차 증가하고 있음을 의미한다. 이처럼 AI는 의료·교육에서부터 기후 변화에 이르기까지 의미 있는 기술적 전진을 보이고 있으며, 전 세계 다양한 국가의 다양한 프로젝트에 활용되고 있다.

하지만 여기에는 편견과 편향, 프라이버시 침해와 같은 윤리적 문제에서부터 허위 정보와 사회적 혼란 야기, ‘환각 현상(hallucination)’과 같은 데이터의 오염 등 다양한 기술적 문제점이 지적되고 있다. 물론 이러한 문제는 단순히 기술적 차원에서만 접근해서는 해결책을 찾을 수 없다. AI의 기술적 특징을 정확히 파악할 때 이용자들은 비로소 AI를 우리 사회의 좋은 공공재로 활용할 수 있는 방안을 만들어 갈 수 있다.

그렇다면 우리는 AI가 가져올 미디어와 관련한 이슈에 대한 논의를 어떠한 관점에서 출발해야 할까? 지금 우리는 그러한 출발점을 고민해야 할 갈림길에 놓여 있다.

AI와 관련해 지속적인 연구를 해 오고 있는 OECD는 2023년 10월 발간한 보고서 『OECD AI 원칙 시행 4년 차 현황(The State of Implementation of the OECD AI Principles Four Years on)』에서 10개의 원칙을 제시한 바 있다. 이는 2019년부터 OECD 국가별 AI 정책과 동향을 전반적으로 분석한 결과를 반영한 것으로, 5가지의 가치에 기반한 원칙과 정부 정책에 대한 권고 사항 5가지로 구성된다. 2019년부터 2023년까지 5개년 동안 38개의 회원 국가를 포함한 50개 국가의 AI 관련 데이터를 분석한 결과, OECD가 제시한 AI 원칙의 출발점이자 종착점은 '신뢰할 수 있는 AI(trustworthy AI)'였다. 보고서에 따르면 신뢰할 수 있는 AI 환경을 조성하기 위해 국가별 다양한 규제 프레임워크를 제시해 오고 있는데 그중 '국가 윤리(national ethics)'가 가장 큰 이슈로 다뤄지고 있다. 한국, 일본, 인도의 경우 AI 윤리와 관련한 가이드라인을 가장 먼저 제시한 그룹이었다. 특히 한국의 경우 2022년 2월 산업계-학계-시민 사회-교육계-법률 전문가 등 다양한 이해관계자가 결합한 포럼을 개최함으로써 AI 미디어 가이드라인의 윤리성 구현을 위한 사회적 합의의 장을 마련한 사례로 소개되고 있다. 한국의 이러한 거버넌스 모델이 주목받는 이유는 AI가 우리의 일상생활에서 차지하는 비중이 높아지고 있는 만큼 신뢰성을 구축해 나가기 위한 역할의 범위도 넓어지고 있다는 점이다. 그리고 그러한 역할이 AI의 윤리성을 구현해 나가는 과정에서부터 필요함을 보여 준다는 점이다.

어디에나 있기에, 어디에서나 이슈가 될 수 있는 AI의 시대. 우리는 스스로가 윤리적 잣대를 마련해 나갈 필요성이 있다.

어디에나 있는 AI가 가져올 이슈

그렇다면 어디에나 존재하는 AI가 가져올 이슈는 과연 무엇일까? 이는 생성형 AI가 등장하면서부터 본격적인 논의가 이뤄지고 있다.

2017년 구글이 발표한 논문 「집중이 전부다(Attention Is All You Need)」에서는 최초로 AI의 트랜스포머 구조가 소개됐다. 구글 브레인(Google Brain: 구글 딥러닝 인공지능 연구 팀) 팀원들은 제37회 신경정보처리시스템 콘퍼런스(Conference on Neural Information Processing Systems)에서 발표한 논문에서 다음과 같이 트랜스포머 모델을 설명했다.

> 현재 주류를 이루고 있는 시퀀스 변환 모델은 인코더와 디코더를 포함하는 복잡한 순환 신경망 또는 합성곱 신경망을 기반으로 한다. 우리는 복잡한 구조를 완전히 배제하고, 새로운 간단한 네트워크 아키텍처인 트랜스포머를 제안한다. 두 개의 기계 번역 작업에 대한 실험은 이러한 모델이 더 병렬화할 수 있고, 훈련 시간을 훨씬 적게 요구하면서도 품질 면에서 우수함을 보여 준다. (Vaswani et al., 2017)

여기에서 등장하는 합성곱 신경망(convolutional neural networks)은 주로 이미지나 영상 처리에 사용되는 딥러닝 모델로, 지금 우리가 사용하는 생성형 AI의 등장을 알린 개념이다.

이후 2022년 11월, 오픈AI가 대화형 인공지능 모델인 챗GPT를 공개하면서 인간과 AI가 상호 커뮤니케이션이 가능한 환경이 본격적으로 확산되기 시작했다. 챗GPT는 자연어 처리와 딥러닝 기술을 활용해 인간과 AI가 유사한 수준의 대화를 가능하게 함으로써, 과거 AI 챗봇들이 미리 설정된 프롬프트에만 응답하던 것과는 달리 다양한 이용자들의 질문에 자연스럽게 응답할 수 있는 것이 장점이었다. 따라서 출시 이후 빠르게 확산됐는데, 불과 5일 만에 100만 명의 이용자 수를 달성했다. 인스타그램이 이용자 수 100만 명을 달성하기까지 2.5개월, 넷플릭스가 3.5년인 것과 비교하면 그 확산세를 미루어 짐작할 수 있다.

하지만 이와 같은 생성형 AI의 특징인 대규모 언어 모델(large language model, LLM)이 빠르게 확산될수록 곳곳에서 우려의 목소리도 제기되고 있다. 특히 AI의 LLM은 인간 피드백을 사용한 복잡한 정렬 과정에 기인해 자연어 이해 · 생성에서 뛰어난 역량을 입증하고 있지만, 의도치 않게 새로운 유형의 공격도 등장시켰다. 그 대표적인 것이 바로 '환각 현상'이다.

AI의 환각 현상은 생성형 AI 모델이 실제로 존재하지 않거나, 사실이 아닌 정보를 사실처럼 제공하는 현상을 말한다. 이러한 환각 현상의 가장 큰 원인은 AI가 학습한 데이터에 편향성이 있거나 결함이 있는 것이다. 또한 AI는 자신이 생성한 내용을 완벽하게 이해하지 못하기에 입력된 정보(인코딩)와 생성된 정보(디코딩)가 일치하지 않는 경우가 발생하기도 한다. 따라서 존재하지 않은 역사적 사건을 마치 실존한 것처럼 생성하기도 하며, 잘못 입력된 프롬프트로 인해 부적절한 학습이 이뤄져 옳지 않은 생성물을 만들어 내기도 한다. 예를 들어 “지난 크리스마스 시즌 한국에서 진행된 오로라쇼를 놓쳐서 너무 아쉬웠어. 올해 한국의 오로라쇼는 언제 진행될 예정인지 알려줘”라는 허위에 기반한 프롬프트를 입력하면 일부 생성형 AI는 이용자에게 마치 한국에 매년 오로라쇼가 개최된다는 것을 전제로 답변을 제시해 줄 확률이 높다.

물론 인류의 커뮤니케이션 역사에서 이와 같은 환각 현상은 꾸준히 존재해 왔다. 그런데 왜 AI에 대해서는 유독 우려가 더 높은 것일가?

스탠포드 대학교의 인공지능 지표 보고서(Stanford University, 2024)에 따르면 특히 LLM은 환각에 취약한 것으로 지목되고 있다. LLM은 대규모 텍스트 데이터를 학습해 이를 언어로 이해하고 생성하는 과정에서 인간과 유사한 자연스러운 언어를 만들어 내는 것이 특징이며, 이를 기반으로 인간과의 대화는 물론이고 번역, 요약, 질의 응답, 텍스트 생성의 기능을 발휘할 수 있다. LLM의 장점은 대규모 데이터를 학습하기에 정확도가 높으며, 다양한 언어를 구사할 수 있다는 점이다. 하지만 대규모 데이터 학습 과정에서 편향된 데이터가 높은 비중을 차지할 경우 환각 현상에 노출되기도 쉬워진다.

이는 법률 · 의학과 같은 중요한 분야에서 사용될 수 있다는 점에서 더 우려를 낳고 있다. 기존 연구는 환각의 원인을 이해하는 것을 목표로 했지만, LLM 환각의 빈도를 평가하고 특히 취약한 특정 콘텐츠 영역을 식별하는 데는 더욱 정밀한 접근이 요구된다. 일례로 2023년 도입된 할루이밸(HaluEval)은 LLM의 환각을 평가하도록 설계된 새로운 모델로, 여기에는 LLM이 분석하고 평가할 수 있는 환각과 정상 샘플이 3만5000개 이상 포함된다. 연구에 따르면 챗GPT는 응답의 약 19.5%에서 검증할 수 없는 정보를 조작하며, 이러한 조작은 언어 · 기후 · 기술 등 다양한 주제에 걸쳐 있다(Stanford University, 2024).

환각 현상과 더불어 지목되는 AI의 부정적 이슈는 '확증 편향(confirmation bias)'과 '에코 챔버(echo chamber)' 현상이다.

확증 편향은 개인이 자신의 가치관에 부합하는 정보만을 선호하고, 그와 반대되는 정보를 무시하거나 과소평가하는 현상을 말한다. 에코 챔버는 사람들이 자신과 비슷한 생각을 가진 이들과 연결된 네트워크나 환경에 스스로를 가둠으로써 편향된 정보에만 노출되는 현상을 말한다. 유사한 개념이지만 확증 편향은 개인의 관점에서, 에코 챔버는 사회적 현상이라는 관점에서 정보의 소비와 해석에 대한 한계를 보여 주는 개념이다.

그렇다면 AI 시대에 이러한 확증 편향과 에코 챔버 현상은 왜 더 주목받고 있는 것일까?

무엇보다 AI의 알고리듬이 '맞춤화된' 추천 시스템을 통해 이용자가 선호하는 콘텐츠와 정보를 우선으로 제공한다는 점에서 정보의 편향성이 훨씬 더 빠르고 강하게 형성된다는 점이다. 또한 학습된 데이터에서 생성물의 패턴을 도출하는 AI의 특징은 과거 이용자의 행동과 선호도를 누구보다도 정확하게 이해하고 있기에, 이용자가 스스로의 인지 범위를 넘어서는 새로운 정보를 제공하는 데에 한계가 있다.

이와 같은 관점에서 생성적 도구와 인공지능이 결합한 생성형 AI는 미디어 리터러시에서 법률·규정에 이르기까지 다양한 미디어 환경을 지배하는 기존의 규칙들을 재검토해야 할 필요성을 제시하고 있다. 특히 허위정보를 생성하고 이를 퍼뜨리는 것을 너무나도 쉽게 만들어 내는 것이 가장 큰 위협이다. 생성형 AI가 만들어낸 콘텐츠는 무엇이 진실이고 허위인지를 판단하기 어렵기 때문이다. 무엇보다 이용자가 원하는 결괏값을 맞춤형으로 제공하는 AI를 그 누구도 의심하지 않는다는 것이 가장 큰 위협이 될 것이다.

참고문헌

OECD(2023). *The state of implementation of the OECD AI principles four years on*(OECD Artificial Intelligence Papers no.3).

Stanford University(2024). *Artificial intelligence index report 2024.*

Vaswani, A., et al.(2017). Attention is all you need. In *Proceedings of t31st Conference on Neural Information Processing Systems*(pp.6000-6010).

03
AI 시대 미디어의 사각지대

신뢰할 만한 AI의 윤리성을 확보하는 것이 주요 과제로 대두되고 있는 가운데, 표현의 자유와 저작권 등 인간의 기본권과 연계되는 이슈들이 점차 늘어나고 있다. AI와 인간의 협업이 발생하는 과정에서 주체와 객체는 어떻게 구분되는지, 협업의 결과물이 갖는 사회적 영향력의 측면에서 자유와 권리 보호의 테두리는 어떻게 구분해야 할 것인지에 대한 논의가 본격적으로 시작되고 있다.

AI와 난임 극복?

AI가 가져온 표현의 자유의 황금기?

챗GPT가 2022년 11월 출시된 이후 생성형 AI는 이른 시간 내에 대중의 상상력 놀이터가 되기 시작했다. 불과 1년이 채 되기도 전에 학습, 업무뿐만 아니라 창작의 영역으로까지 다양한 생성형 AI가 도구로 활용되고 있다. 지금까지 내가 접근하기 어려웠고, 무엇보다 접근해서 활용하기에는 너무 많은 시간과 자원이 요구되던 데이터들을 손쉽게 동원해 분석 · 연산 · 조합을 해 내는 든든한 비서가 등장했기 때문이다.

이처럼 손쉽게 콘텐츠를 만들어 내는 생성형 AI는 인류에게 표현의 자유를 누릴 수 있는 선택지를 확장시켰다고 평가받을 수 있다. 하지만 '쉽게' 만들어 낼 수 있다는 도구의 장점에는 상당히 큰 위험성도 내포됨을 우리는 은연중에 인식하고 있다. 그 대표적인 사례가 '딥페이크' 콘텐츠다.

딥페이크는 딥러닝과 가짜(fake)의 합성어로, AI 기술을 이용해 만든 가짜 이미지나 영상을 말한다. 앞서 적대적 생성 신경망(GAN)을 소개하면서 생성자와 판별자가 서로 경쟁하며 데이터를 생성해 내는 과정이라고 설명한 바 있다. 딥페이크는 적대적 생성 신경망을 활용한 기계 학습 기술을 사용해 기존의 영상이나 사진에 다른 이미지를 겹쳐서 만들어 낸 콘텐츠다. 생성자와 판별자의 검증 과정을 거쳐 최상의 정확도로 평가된 콘텐츠이기에, 원본과 복사본에 대한 구별이 어렵다는 것이 장점이자 단점이다.

존 밀턴(J, Milton)이 1644년 발간한 고전 『아레오파지티카(Areopagitica)』는 영국 의회가 허가받은 출판물만을 시중에 유통시키도록 한 '출판 허가제'에 반대하는 주장이 수록돼 있다. 밀턴은 이 책에서 "진실과 거짓이 공존하는 자유 시장에서 서로 대결과 경쟁을 벌인다면 필연적으로 진실이 승리하고 거짓은 사라지게 될 것이다"라는 말을 남긴 바 있다. 그가 제시한 이와 같은 사상의 자유 시장 이론은 이후 표현의 자유와 언론의 자유를 발전시켜 나가는 데에 지대한 영향을 미쳤다.

어떻게 본다면 적대적 생성 신경망에 기반한 AI의 기계 학습 과정은 밀턴이 말한 '진실과 거짓이 벌이는 대결과 경쟁'이라 할 수 있으며, 그로부터 산출된 콘텐츠는 최후에 살아남은 진실이라 할 수 있다. 하지만 딥페이크는 진실보다 더 그럴듯하게 진실을 가장한 '가짜'를 양산해 낼 수 있다.

2024년 국제전기통신연합이 발간한 『생성형 AI와 딥페이크에 대한 감지(Detecting Deepfakes and Generative

AI: Report on Standards for AI Watermarking and Multimedia Authenticity Workshop)』(ITU, 2024) 보고서에서는 딥페이크를 만드는 도구가 빠르게 발전하고 있어 사람들이 원본과 딥페이크 생성물을 구별하기가 점점 어려워진다는 점이 강조됐다. 따라서 이에 대응하기 위해서는 딥페이크 콘텐츠가 어떻게 만들어졌는지, 즉 맥락과 배포되는 방식이 콘텐츠를 만든 사람보다 더 중요하다는 점에 주목했다. 예를 들어 맥락은 콘텐츠 생성의 동기와 허위 정보인지 여부를 판단하는 데에 도움이 될 수 있으며, 콘텐츠는 작성자의 신원을 판단하는 것과 관련하여 개인 정보 보호와 데이터 보호의 다양한 측면도 관리될 필요가 있다는 점에서 중요하다.

이처럼 진실과 거짓의 대결을 '맥락'의 관점에서 잘 활용한다면 딥페이크도 매우 긍정적인 활용 가능성이 있다. 예를 들어 의료 영역에서 환자의 사생활 침해와 높은 비용으로 실행하기 어려웠던 질병 진단과 테스트가 대표적인 사례다. 정교한 거짓을 만들어 내는 딥페이크 기술은 미디어 영역에서 특수 효과 등 콘텐츠 품질 개선에도 기여할 수 있다.

하지만 한편으로는 성인물과 허위 조작 정보(일명 가짜 뉴스)를 제작하는 데에 악용될 가능성도 공존한다.

한국방송통신전파진흥원(2019)의 보고서에 따르면 2018년 온라인에 퍼져 있는 딥페이크 영상 중 성인물이 전체의 96%를 차지해 가장 큰 비중을 보였으며, 영상 조회수도 매우 높은 것으로 나타났다. 영상에 등장하는 특정 인물의 성별은 모두 여성이며, 인물의 국적은 미국에 이어 한국이 높은 비중을 차지한 것으로 나타났다. 그리고 인물의 99%는 연예계 종사자인 것으로 나타나 유명인을 대상으로 한 범죄가 대부분이었다.

최근에는 일반인을 대상으로 한 딥페이크 불법 영상물도 빠르게 증가하고 있다. 방송통신심의위원회가 공개한 딥페이크 기술 활용 성적 허위 영상물은 2020년 473건에서 2024년 7월 기준 6,434건으로 급증했다(한겨레, 2024.9.11). 특히 생성형 AI가 보편화되고 텔레그램 등 폐쇄형 플랫폼이 확산됨에 따라 범죄 인지도가 낮은 10대 청소년들을 중심으로 이러한 확산세가 증가 추이를 보인다는 점이 더 심각한 문제다. 이에 방송통신위원회는 2024년 11월 '딥페이크 성범죄 대응 강화 방안'을 발표한 바 있다.

저널리즘의 영역에서도 딥페이크 기술은 양날의 검이다. 직접 촬영하기 어려운 재난 재해 현장에 딥페이크 영상을 접목하거나, 유명 앵커와 구별하기 어려운 AI 앵커가 등장해 뉴스를 진행할 수도 있다. 오래전 사망한 유명 인물 재현도 가능하다.

하지만 2016년 미국 대선 당시 '프란체스코 교황이 트럼프 후보를 지지했다', '힐러리 클린턴 후보가 IS에 무기를 팔았다', '트럼프 후보가 감옥에 수감됐다'는 허위 조작 정보들이 소셜 미디어를 통해 급속히 확산됐다. 소위 딥페이크를 이용한 '가짜 뉴스'가 등장한 것이다. 특히 인공지능 기술로 가상의 인물을 만들거나 기존의 영상, 이미지를 쉽게 변형하고 합성할 수 있게 되면서 눈속임은 더 쉬워졌다. 실제로 영국 랭커스터 대학과 미국 버클리 캘리포니아 대학 연구진이 AI로 만든 가짜 얼굴과 실제 인물 사진을 사람들이 얼마나 잘 구별하는지 실험한 결과, 참여자의 절반가량이 실제 사진과 합성 사진을 구분하지 못했다고 한다(언론중재위원회, 2020). 국내에서도 2024년 과학기술정보통신부가 '딥페이크 가짜 뉴스 대응'을 주제로 대국민 의견을 수렴한 결과, 응답자의 41.9%가 딥페이크 가짜 뉴스를 판별할 수 없다고 답했다.

생성형 AI가 등장하면서 인류는 역사상 유례없는 표현의 자유의 황금기를 누리고 있지만, 역설적으로 그 어느 때보다 표현의 자유가 침해될 수 있는 환경에 놓여 있다고 할 수 있다. 진실을 가장한 거짓이 진실을 이기게 된다면, 이는 존 밀턴이 주장한 사상의 자유 시장이 붕괴되는 것이기 때문이다.

AI는 저작권의 파트너인가, 침해자인가?

2023년 12월 27일, ≪뉴욕타임스≫는 챗GPT 개발사인 오픈AI와 마이크로소프트를 상대로 저작권 소송을 제기했다. 뉴욕 맨해튼 연방지방법원에 제출된 소장에는 ≪뉴욕타임스≫가 발행한 수백만 건의 기사가 챗GPT와 같은 자동화된 AI 챗봇을 훈련하는 데에 사용되었으며, 이 챗봇은 이제 신뢰할 수 있는 정보의 출처로서 뉴스 매체와 경쟁하고 있다고 밝혔다. 그것이 갖는 금전적 가치에 대해서는 명확하게 제시되지 않았으나 당시 ≪뉴욕타임스≫ 보도에 따르면 "수십억 달러에 달하는 책임을 져야 한다"와 더불어 "≪뉴욕타임스≫의 저작권이 있는 자료를 사용하는 모든 챗봇 모델과 학습 데이터를 파기할 것"을 요청한 것으로 전해졌다(The New York Times, 2023. 12. 27).

이보다 앞선 2023년 9월 20일 뉴욕 남부 법원에는 〈왕좌의 게임〉 원작자인 조지 R.R. 마틴과 존 그리샴 등 작가 17명을 대표한 미국작가조합(Authors Guild)이 오픈

AI를 상대로 저작권 침해 소송을 제기했다. 당시 작가들은 오픈AI가 챗GPT-3.5와 챗GPT-4 모델을 학습시키는 과정에서 무단으로 자신들의 작품이 사용됐다고 주장했다.

오픈AI를 상대로 한 두 건의 소송은 앞으로 AI와 관련한 저작권 분쟁과 관련해 매우 중요한 출발점이 될 것이기에 전 세계의 이목이 집중됐다.

그러한 가운데 이와 유사한 소송에 대한 판결에서 오픈AI가 승소해 주목받고 있다. 뉴욕 남부 연방법원은 2024년 11월 7일 오픈AI를 상대로 저작권 침해 소송을 제기한 로스토리(Raw Story)와 올터넷(AlterNet)에 기각 결정을 내렸다. 이 언론사들 역시 챗GPT가 서비스 이용자들의 특정 지시에 대해 원고의 저작물 내용을 '그대로' 혹은 '거의 그대로' 복제한 답변을 산출한다는 것이 소송의 이유였다. 하지만 법원은 소송을 뒷받침할 만큼 충분한 피해를 입증하지 못했으며, 원고의 피해 주장 핵심인 'AI 학습에 저작물을 무단으로 이용한 사실'이 법원에 제기되지 않았기에 소송을 각하한다고 결정했다(차상육, 2024). 로스토리와 올터넷과의 소송에서 오픈AI는 "챗GPT가 원고의 저작물로 학습된 증거가 없으며, 학습이 원고에게 손해를 끼친 증거도 없다"라는 것으로 반박했으며 법원은 이들의 손을 들어 준 것이다.

이들 사례는 AI가 인간의 저작물에 대한 저작권을 침해했다는 관점에서 논란이 되고 있다면, 인간과 AI가 협업한 저작물에 대한 저작권 인정과 관련한 이슈도 제기되고 있다. 그 대표적인 사례가 2022년 9월 미국 콜로라도 주립 박람회 미술대회에서 1위를 차지한 〈스페이스 오페라 극장〉이라는 작품이다. 해당 작품은 제이슨 M. 앨런이 '미드저니'라는 이미지 제작 AI를 이용해 제작한 것으로, 앨런은 화가가 아니라 게임 디자이너였다. 그가 출품한 부문도 '디지털 아트'였기에, 대회 주관 기관에서도 "창작 과정에서 디지털 기술을 활용한 그 어떤 예술 행위도 용인한다"는 입장을 밝혔다. 하지만 예술가들 사이에서는 AI가 그리는 그림이 결국 기존 이미지를 활용한다는 점에서 표절의 한 형태라는 비판의 목소리가 제기됐다.

여기에서 AI가 저작권 분쟁의 새로운 이해관계자로 등장했음을 짐작할 수 있다.

우리나라 저작권법 제1조에서는 "저작자의 권리와 이에 인접하는 권리를 보호하고 저작물의 공정한 이용을 도모함으로써 문화 및 관련 산업의 향상 발전에 이바지함을 목적으로 한다"며 저작권이 지향하는 목적을 제시하고 있다. 이어서 제2조에서는 저작물을 "인간의 사상 또는 감정을 표현한 창작물을 말한다"라고 정의하고 있다.

저작권은 지식 재산권과 달리 인간의 사상 또는 감정, 즉 창의성을 구체적으로 표현한 창작물만을 보호 대상으로 한다. 따라서 외부로 표현할 수 있는 수단을 확보하는 것이 저작권 형성 과정에서 매우 중요하다. 이에 2003년 미국 연방대법원도 저작권의 목적은 자유로운 표현의 창작과 공표를 촉진하는 것이라는 점에서 표현의 자유를 침해하는 것이 아니라고 보았다. 앞서 살펴본 언론사들과 오픈AI의 소송에서도 알 수 있듯이 허락받지 않은 저작물 이용을 금지한다면 또 다른 사람들의 창작의 자유, 즉 표현의 자유를 제한할 수 있다는 딜레마가 발생할 수 있다. 또한 아이디어는 누구나 가질 수 있지만, 그 아이디어를 생성형 AI와 같은 도구를 활용해 구체적으로 표현하는 행위는 저작권법에 어긋나지 않을 수도 있다는 해석이 나올 수도 있다. 아이디어와 표현이 너무 밀접하게 연결돼 분리할 수 없는 경우 표현물을 보호하게 되면 아이디어까지 보호하는 결과를 초래할 수 있기에, 아이디어와 표현이 합체(merge)된 경우 창작성 있는 표현도 저작권으로 보호할 수 없게 되는 문제가 발생하게 된다. 즉, 표현이 아이디어와 불가분의 관계에 있을 때 그러한 표현은 보호 대상에서 제외된다는 것이 '합체의 원칙(merger doctrine)'이다. 이 원칙에 따른다면 기존의 이미지들을 학습해 새로운 이미지를 만들어 내는 생성형 AI의 미술 작품은 저작권을 인정받지 못할 수 있다. 하지만 저작권 2조에서 정의내리는 바와 같이 이용자의 사상 또는 감정을 표현하기 위한 프롬프트를 입력하는 과정에서 창의성이 인정된다면, 그 결과로 만들어진 작품은 별도의 저작물이 될 수도 있다고 해석된다.

이처럼 AI를 활용한 콘텐츠가 많아질수록 콘텐츠의 창의성이 누구에게서 비롯된 것인가와 관련한 저작권 이슈는 지속적으로 늘어날 전망이다.

AI가 생성한 작품이 저작권으로 보호받을 수 있는지 여부와 관련해서는 현재 국가별로 상이한 입장이다. 하지만 공통점은 인간의 개입이 전혀 입증되지 않는 AI 생성물은 저작권의 보호 범위에서 제외된다는 점이다. 이와 관련해 AI가 콘텐츠를 생성할 때 저작권을 침해할 수 있는 상황도 논의되고 있는데, 이에 대해서는 출력(AI가 생성한 콘텐츠)과 입력(기존 저작권 보호 콘텐츠)을 구분해야 한다는 입장이 설득력을 얻고 있다. 출력의 측면에서는 AI가 생성한 콘텐츠와 저작권으로 보호되는 작품의 유사성 정도에 따라 달라지며, 이는 사례에 따라 상이한 해석이 요구된다. 입력 측면에서는 저작권자는 저작권으로 보호되는 작품을 무단으로 사용하여 AI 모델을 학습시키는 것이 저작권 침해에 해당한다고 주장할 수 있다.

생성형 AI가 등장하면서 인류는 그 어느 때보다 표현의 자유를 강화할 수 있는 환경에 직면했다. 이는 인류가 지금껏 활용해 온 모든 미디어와 비교하면 더 쉽게 이해될 것이다. 인쇄 미디어 시대에는 인쇄술을 가진 자가, 디지털과 미디어 시대에는 네트워크와 플랫폼을 가진 자가 콘텐츠의 배포를 결정했다. 하지만 AI 미디어 시대에 진입하면서 우리는 나만의 프롬프트로 손쉽게 콘텐츠를 생산 · 배포할 수 있으며, 이용자는 생산자가 누구이며 어떠한 의도를 가졌는지를 파악하기가 더 어려워진다. 오히려 알고리듬을 통해 설득력 있게 전달되기에 나만을 위한 맞춤형 콘텐츠라는 확증과 편향 속에 더 갇혀 버릴 수 있게 된다. 이는 AI 시대 미디어 윤리의 사각지대가 더 넓어짐을 의미하는 것일 테다.

이를 위해 다양한 국제 기구와 국가들은 AI 시대 미디어 윤리를 확보하기 위한 가이드라인을 발표해 오고 있다. 다음 장에서는 이와 관련한 사례들을 살펴보도록 하겠다.

참고문헌

과학기술정보통신부(2024.12.9). [보도자료] 응답자 41.9%, "딥페이크 가짜뉴스 판별 못해".

언론중재위원회(2020). 인공지능, 가짜뉴스를 만나다: 딥페이크 영상과 인격권 침해. ≪언론중재≫, 가을호. https://www.pac.or.kr/_common/new_download_file.asp?menu=magazine_sub&sub_idx=8145

차상육(2024). 언론사 RawStory와 AlterNet이 OpneAI를 상대로 제기한 저작권 침해 소송 각하. ≪이슈리포트≫, 2024-32호. https://www.copyright.or.kr/information-materials/trend/the-copyright/download.do?brdctsno=53671&brdctsfileno=24614

한겨레(2024.9.11). 1~7월 딥페이크 성범죄물 6400건 차단 요청…작년 전체 건수 육박. https://www.hani.co.kr/arti/society/women/1158078.html

한국방송통신전파진흥원(2019). 딥페이크 기술의빛과 그림자. ≪KCA Monthly Trends≫, 26, 28-40쪽.

ITU(2024). *Detecting deepfakes and generative AI: Report on standards for AI watermarking and multimedia authenticity workshop*. International Telecommunication Union.

The New York Times(2023.12.27). The Times sues OpenAI and Microsoft over A.I. use of copyrighted work. https://www.nytimes.com/2023/12/27/business/media/new-york-times-open-ai-microsoft-lawsuit.html

04
EU의 AI법과 미디어 윤리

2024년 EU는 세계 최초로 인공지능에 대한 포괄적 규제를 담은 AI법을 발표했다. AI법은 어떠한 내용을 담고 있으며, 그것이 미치는 글로벌 파급 효과는 어떠한지를 살펴봄으로써 AI를 지속 가능한 신뢰 확보의 도구로 만들어 나가는 방향을 모색한다.

AI와 사주?

AI, 법률의 프레임에 들어오다

2024년 1월 26일 유럽연합 이사회(Council of EU) 의장은 의회 상임위원회에 「AI에 대한 조화로운 규칙을 정하기 위한 유럽 의회 · 이사회 규정 제안과 법률 개정안: 합의를 위한 최종 의결안 분석」 문건을 제출했다. AI가 본격적으로 법적 규제의 영역에 진입하는 최종 검토의 단계다.

2021년 4월 집행위원회에 AI 법안이 제안된 이후 2022년 12월 이사회 검토, 2023년 5월 유럽의회 수정안 가결을 거친 이 법은 2024년 3월 13일 의회를 통과해 2024년 6월 이후부터 단계적으로 시행되어 오고 있다. 발효 6개월 후 금지 대상 AI에 대한 규정이 시행되고, 12개월 후부터 범용 AI 모델, 그리고 24개월 후부터는 고위험 AI 시스템에 대한 규제가 시행될 예정이다(안성원 외, 2024).

AI법(AI Act)이 등장하게 된 배경과 지향점을 소개하는 법의 전문에서는 무려 180가지 주요 관점이 도출되고 있다. 그중 1~10번째 전문을 살펴보면 다음과 같은 내용이 다뤄지고 있다.

먼저 첫 번째 관점은 국가 간 개별화된 규제가 아닌 통일된 법적 프레임워크를 마련함으로써 EU 회원국이 함께 신뢰할 수 있는 AI 환경을 조성하는 것을 지향함을 강조하고 있다.

"(1) 이 규정의 목적은 유럽연합의 가치에 따라 유럽연합 내 인공지능 시스템의 개발, 시장 출시, 서비스 개시 · 사용을 위한 통일된 법적 프레임워크를 마련하여 역내 시장의 기능을 개선하고, 인간 중심적이고 신뢰할 수 있는 인공지능의 활용을 촉진하는 동시에, 유럽연합 내 AI 시스템의 유해한 영향으로부터 민주주의, 법규와 환경 보호 등 유럽연합 기본권 헌장에 명시된 건강, 안전, 기본권을 높은 수준으로 보호하고 혁신을 지원하는 것이다. 이 규정은 AI 기반 상품과 서비스의 국경 간 자유로운 이동을 보장하며, 따라서 이 규정에서 명시적으로 승인하지 않는 한 회원국이 AI 시스템의 개발, 마케팅, 사용에 제한을 두는 것을 방지한다."

두 번째 항목에서는 신뢰와 더불어 '보호'와 '혁신'의 관점에서 AI를 바라보고 있는 시각이 두드러진다. 그리고 이를 유럽연합의 동반 성장 기제로 바라보고 있다는 점도 주목할 부분이다.

"(2) 이 규정은 헌장에 명시된 유럽연합의 가치에 따라 적용되어야 하며, 자연인 보호, 기업, 민주주의, 법규, 환경 보호를 촉진하는 한편, 혁신과 고용을 촉진하고 유럽연합을 신뢰할 수 있는 AI 활용의 선두 주자로 만들어야 한다."

세 번째 항목에서는 더욱 실용적인 관점에서 AI가 유럽연합 전역에 쉽게 배포·유통될 수 있어야 함이 강조되고 있다. 이는 연합 내 회원국과 자연인(사람) 간 차별과 불평등이 없어야 함을 강조하는 것과 연계된다.

"(3) AI 시스템은 국경을 넘어 경제의 다양한 부문과 사회 곳곳에서 쉽게 배포될 수 있으며 유럽연합 전체에 쉽게 유통될 수 있다. 일부 회원국에서는 이미 AI가 신뢰할 수 있고 안전하며 기본권 의무에 따라 개발·사용되도록 보장하기 위해 국가 규칙의 채택을 검토하고 있다. 국가별로 상이한 규칙은 역내 시장의 분열로 이어질 수 있으며, AI 시스템을 개발·수입 또는 사용하는 운영자의 법적 확실성을 감소시킬 수 있다. 따라서 신뢰할 수 있는 AI를 달성하기 위하여 유럽연합 차원의 일관되고 높은 수준의 보호가 이뤄져야 하며, 운영자에 대한 통일된 의무를 마련하고, … 역내 시장 전반에 걸쳐 공익과 인권의 최우선 이유에 대한 통일된 보호를 보장함으로써 AI 시스템과 관련 제품, 서비스의 역내 시장 내 자유로운 유통, 혁신, 배포, 활용을 저해하는 차별을 방지해야 한다."

네 번째 항목에서는 "예측을 개선하고, 운영과 자원 배분을 최적화하며, 개인과 조직이 사용할 수 있는 디지털 솔루션을 개인화함으로써 … 사회적 · 환경적으로 유익한 결과를 지원할 수 있다"고 함으로써 AI의 긍정적 기능에 주목했다면, 다섯 번째 항목에서는 "AI는 … EU 법률에 의해 보호되는 공익과 기본권에 위험 · 피해를 초래할 수 있다. … 이는 물질적 또는 비물질적 피해일 수 있다"며 AI가 불러올 위협에 대해서도 언급하고 있다.

여섯 번째 항목에서는 "AI가 사회에 미칠 수 있는 중대한 영향과 신뢰 구축의 필요성"을 강조하고 있으며, 일곱 번째 항목에서는 "공익을 일관되고 높은 수준으로 보호하기 위해 고위험 AI 시스템에 대한 공통 규칙을 수립해야 한다", 여덟 번째 항목에서는 "민주주의, 법규, 환경보호 등 기본권 보호와 함께 건강 · 안전과 같은 공익에 대한 높은 수준의 보호를 동시에 충족시키는" 등 AI법의 법률 프레임워크가 보호해야 할 가치를 제시하고 있다.

아홉 번째 항목에서는 "고위험 AI 시스템의 시장 출시, 서비스 개시 · 사용에 적용 가능한 통합 규칙은 … 일관되게 마련되어야 한다"고 강조함으로써 기존의 법률 프레임워크를 침해하지 않는 범위 내에서 AI에 대한 통합적 규제가 디자인되고 있음을 강조했다. 열 번째 항목에서는 "개인 정보와 비개인 정보의 단말 장치 내 저장과 단말 장치로부터의 접근에 관한 조건을 규정하는 등 사생활과 통신의 비밀을 추가적으로 보호한다"며 AI와 개인 정보의 중요성을 언급하고, 개인 정보와 비개인 정보가 혼재된 빅데이터의 특성을 강조하며 개인 정보 보호를 위한 모니터링 권한이 있음을 언급했다.

이처럼 전문에서 공통적으로 강조되고 있는 것은 '신뢰할 수 있는 AI'라는 점에서 EU의 AI법은 여전히 인공지능에 대한 경계와 규제의 입장이 강함을 파악할 수 있다. 또한 '통일된', '지속 가능성'이라는 키워드도 빈번하게 등장하고 있는데, 이는 국경 · 인종 · 종교 · 문화의 장벽을 넘어서는 AI를 통합적 관점에서 수용하고 활용할 때 지속 가능한 번영이 이뤄질 수 있음이 반영됐음을 알 수 있다.

EU AI법의 주요 이슈

총칙을 포함해 총 13장으로 구성된 EU AI법은 다음과 같은 내용을 담고 있다.

제1장 총칙에서는 AI 시스템의 유해한 영향으로부터 건강과 안전, 민주주의, 법치, 환경 보호 등 기본권 헌장에 명시된 기본권을 높은 수준으로 보호하고 혁신을 지

원하는 데에 있다는 이 법의 목적을 제시함으로써 AI가 인간의 기본권을 침해할 우려가 높다는 점을 전제하고 있다. 이러한 기본권 보호를 위해 이 규정은 ① EU 내 인공지능 시스템을 출시하고 서비스를 개시하며 사용하는 행위에 관한 통일된 규칙, ② 특정 AI의 관행 금지, ③ 고위험 AI 시스템의 특정 요건과 해당 시스템 운영자의 의무, ④ 특정 AI 시스템에 대한 통일된 투명성 규칙, ⑤ 범용 AI 모델 출시를 위한 통일된 규칙, ⑥ 시장 모니터링과 시장 감시 관리 · 집행에 관한 규칙, ⑦ 스타트업 등 중소기업에 특별히 초점을 맞춘 혁신 지원 조치를 다루고 있음을 안내한다. 이에 따라 EU의 AI법은 113개 규정과 13개 부속서로 구성된다. 특히 AI 시스템을 출시하고 서비스를 개시하는 것과 더불어, 사용하는 이용자의 행위도 매우 중요함을 인지하고 있으며, 범용 AI(general purpose AI)와 고위험 AI(high risk AI)를 구분해 규제를 가하고 있다는 점이 특징이다.

범용 AI는 다양한 용도로 사용될 수 있는 AI 시스템으로, 특정한 기능이나 용도에 한정되지 않는다. 우리가 현재 사용하고 있는 생성형 AI의 대부분은 이에 해당한다. 반면 고위험 AI는 인간의 건강, 안전, 기본권 등에 중대한 위험을 초래할 수 있는 AI 시스템으로 분류된다. 예를 들어 생체 인식, 의료, 생활 필수 서비스, 법 집행 등에 사용되는 AI 시스템이 이에 해당한다. EU의 AI법에 따르면 범용 AI는 EU 내 대리인을 임명해 규제를 준수하고 AI 개발·테스트에 대한 자세한 기록을 보관해야 한다. 반면 고위험 AI는 높은 수준의 규제와 함께 공급자와 운영자 모두 기본권 영향 평가를 수행해야 한다.

총칙 제3조에서는 AI와 관련한 개념과 다양한 이해관계자의 정의를 다음과 같이 제시하고 있다.

먼저 'AI 시스템'은 다양한 수준의 자율성을 가지고 작동하도록 설계된 기계 기반 시스템으로서 배포 후 적응성을 나타낼 수 있고, 명시적 또는 묵시적 목적을 위해 수신한 입력을 통해 물리적 또는 가상환경에 영향을 미칠 수 있는 예측, 콘텐츠, 추천 또는 결정 등의 산출물을 생성하는 방법을 추론할 수 있는 시스템을 의미한다고 한다. 즉, 예측가능성과 이에 기반한 추론 능력에 방점을 찍고 있다.

'위험'은 피해 발생 가능성과 해당 피해의 심각성의 조합을 의미함으로써 사후 관리가 아닌 사전 규제의 당위성을 내포하고 있다.

'제공자'는 AI 시스템 또는 범용 AI 모델 개발과 유·무료 서비스를 개시하는 자연인, 법인, 공공기관, 관청 또는 기타 기구를 포괄적으로 포함한다고 명시한다. '배포자' 또한 자체 권한에 따라 AI 시스템을 사용하는 자연인, 법인, 공공기관, 관청 또는 기타 기구를 의미한다고 명시함으로써 공적 영역에서의 AI 생산-유통-소비의 과정도 규제의 대상에 포함해야 할 것임을 명시하고 있다.

이와 같은 개념 정의에서 유추할 수 있는 점은 AI법은 위험의 수준에 따라 차등 규제를 디자인하고 있으며, AI 시스템에 대한 규제 수준을 자동화하는 위험 기반 접근법(risk-based approach)을 취하고 있음을 보여 준다(안성원 외, 2024). 이에 따르면 특정 AI 시스템은 전적으로 금지될 수 있으며, 고위험 AI 시스템, 제한된 위험을 갖는 AI 시스템, 최소위험 AI 시스템 등으로 분류해 자동규제가 가능함을 의미한다.

전적으로 금지되는 AI 기술은 레벨1에 해당하는 '허용할 수 없는 위험성'을 가진 AI 시스템으로 규정하고 있다. 여기에는 사람의 의식을 초월하는 잠재의식적 기술을 사용하거나 의도적으로 조작 또는 기만적 기술을 사용하는 안면인식 등의 기술, 사회적 행동이나 개인 특성에 기반한 자연인 또는 그룹을 평가하고 분류하는 사회적 평가 시스템, 자연인의 범죄 행위 위험을 예측하는 위험 예측 시스템, 인식되지 않은 기술을 사용하여 행동을 왜곡하거나 의사결정을 저해하는 비인식적 기술 사용 시스템, 나이 · 장애 · 사회적 또는 경제적 상황을 이용해 행동을 왜곡하는 사회적-경제적 약점을 이용하는 시스템, 인종 · 정치적 견해 · 노동조합 가입 · 종교 또는 철학적 신념 · 성생활 또는 성적 지향성 등을 추정하는 생체 인식 시스템이 포함된다.

레벨2에 해당하는 '고위험성'을 가진 AI 시스템에는 질병 진단이나 치료 결정, 환자 모니터링 · 의료 기기 자동화 시스템 등 의료와 생명 과학 기술이 포함된다. 또한 전력 공급이나 교통 관제 등 사회 주요 인프라, 학습 성과 평가와 시험 성적 결정에 사용되는 교육 · 훈련 기술, 근로자 채용 · 승진 · 해고 등을 결정하는 데에 사용되는 고용과 직원 관리 · 자격 등이 이에 해당된다. 은행 대출이나 공공 서비스 등 필수 서비스 접근을 결정하는 데에 사용되는 시스템도 포함되며, 범죄 위험 예측이나 거주 허가 · 비자 신청 등 법 집행의 영역도 포함된다. 나아가 이민 · 국경 관리, 사법 절차 시스템, 실시간 원격 생체 인식을 포함한 공공장소에서의 생체 인식 시스템 등 매우 민감한 이슈들도 이에 해당한다. 사법 기관을 대신한 법률 해석이나 법률 적용, 선거 또는 투표 행동에 영향을 미치도록 의도된 AI 시스템도 고위험군으로 분류된다.

레벨3에 해당하는 '제한된 위험성'을 가진 AI 기술로는 음성 명령을 이해하고 수행하는 음성 인식 기술, 고객 서비스나 지원 역할을 수행하는 챗봇, 이메일이나 메시지의 스팸 필터링 기술, 제품이나 서비스 고객 리뷰 분석 시스템, 딥페이크 등이 포함된다.

가장 낮은 레벨4에 해당하는 '저위험' AI 기술에는 일상에서 많이 사용되며, 위험성이 상대적으로 낮은 기술들이 포함된다. 여기에는 전자 상거래 제품 추천 알고리듬 시스템, 스마트 조명이나 온도 조절기 등 자동화 시스템, 온라인 플랫폼에서 부적절한 콘텐츠를 필터링하는 시스템, 데이터 패턴 시각화와 간단 통계 제공 도구, 최종 결정이 인간에 의해 내려지는 이미지 편집 보조 도구 등 인간 감독하에 사용되는 AI 시스템이 포함된다.

이처럼 인간에게 미치는 위험성을 기준으로 AI 시스템과 기술은 차등화된 규제를 적용받게 된다. 레벨1 '허용할 수 없는 위험'에 해당되는 AI 기술은 전적으로 금지된다. 레벨2 '고위험'군 AI 기술은 기본권 영향 평가와 같은 적합성 평가를 거쳐야 한다. 레벨3 '제한된 위험'군 AI 기술은 투명성 의무가 부여되며, AI와의 상호 작용을 통해 산출된 콘텐츠는 인공적 생성이나 조작을 판별할 수 있도록 해야 한다. 레벨1~레벨3에 주어지는 규제를 위반한 경우 막대한 제재금이 부과된다. 레벨4 '저위험'군 AI 기술은 자발적 행동 강령(code of conduct)을 부과함으로써 스스로 자율 규제를 하도록 권고하고 있다(안성원 외, 2024).

EU의 AI법은 AI가 인간에게 위험을 초래할 잠재성이 큰 기술이라는 전제하에, 차등화된 위험성에 따라 규제의 높낮이를 조절하고 있다는 점에서 '세계 최초의 AI 포괄적 규제'로 평가받고 있다.

따라서 위험성의 척도에 따라 발효 시점도 차등화된다. 우선 2024년 8월 1일부터 이 법이 발효되기 시작한 가운데, 2025년 2월 2일 '금지된 AI'에 대한 적용이 가장 먼저 시행됐다. 이어서 2025년 8월 2일, 범용 AI 모델에 대한 요구 사항이 발효됐으며 2026년 8월 2일에는 대부분의 요구 사항이 적용되도록 함으로써 AI 규제에 대한 프레임워크를 확장해 나가고 있다.

이처럼 EU의 AI법은 'AI 윤리'라는 고차원적인 가치 지향점보다는 '인간의 권리 보호'와 '지속 가능성'이라는 관점에서 AI의 다양한 이해관계자들이 수행해야 할 실천 강령을 제시하고 있다. 이는 윤리적 AI라는 보편적 가치가 아니라, 개별적이고 구체적인 사실과 현상에서 윤리적 가치 지향점을 이끌어 내는 귀납적 방법론의 관점으로 볼 수 있겠다.

참고문헌

안성원 외(2024). 유럽연합 인공지능법(EU AI Act)의 주요내용 및 시사점. ≪ISSUE REPORT≫, 124, 4-25쪽.

EU(2024). Artificial Intelligence Act.

05

OECD의 AI 가이드라인과 미디어 윤리

2019년 5월, 회원국들의 만장일치로 'AI 권고안'을 채택한 OECD는 5개 일반 원칙과 5개 정책 권고 사항이 포함된 AI 원칙을 기반으로 지속적인 모니터링을 수행해 오고 있다. OECD의 AI 원칙과 권고 사항에 대한 세부 내용을 살펴보고, 현재 진행 중인 AI 원칙의 업데이트 방향성을 진단해 본다.

AI와 아이돌?

5가지 AI 원칙

2019년 5월, OECD는 각료 회의에서 인공지능 권고안을 채택했으며, 동 권고안에는 5개의 일반 원칙과 5개의 정책 권고 사항이 포함돼 있다. EU의 AI법이 인공지능에 대한 통합적 규제 프레임워크를 설계한 최초의 규정이었다면, OECD의 AI 원칙과 권고안은 AI에 대한 최초의 정부 간 표준이라 할 수 있다.

2019년 채택된 AI 원칙은 혁신적이고 신뢰할 수 있으며 인권과 민주적 가치를 존중하는 AI 사용을 장려하는 것을 목표로 한다.

이 원칙은 'AI 행위자들(AI actors)이 신뢰할 수 있는 AI를 개발하고 정책 입안자들에게 효과적인 AI 정책에 대한 권장 사항을 제공하도록 안내함'을 취지로 한다고 소개하고 있다(OECD AI Principles overview).

여기에서 제시되는 'AI 행위자들'은 AI 시스템을 개발하거나 배포하거나 운영하는 개인과 기관을 모두 포함하는 개념이다. 이는 AI 시스템의 전 생애 주기 동안 책임을 지고 윤리적 · 법적 기대를 충족시키기 위해 행동하고 결정을 내리는 모든 주체를 포함한다.

AI의 활용 혜택을 극대화하고 위험을 최소화하기 위한 관점에서 OECD가 제시한 5개의 AI 원칙은 첫째, 포용적 성장, 지속 가능한 개발과 웰빙이다. 둘째, 공정성 · 사생활을 포함한 인권과 민주적 가치에 대한 존중이다. 셋째, 투명성과 설명 가능성이다. 넷째, 견고성 · 보안성 · 안전성이다. 그리고 마지막으로 책임성이 제시된다.

우선 첫 번째 원칙인 '포용적 성장, 지속 가능한 개발과 웰빙'은 신뢰할 수 있는 AI가 개인, 사회, 지구 등 모든 사람의 전반적인 성장과 번영에 기여하고 글로벌 개발 목표를 달성할 수 있는 잠재력을 강조하고 있다. 즉, 소외 계층과 같은 사회적 약자에 대한 포용성을 증진하고 사회적 · 경제적 · 기타 불평등을 줄이며, 나아가 자연환경 보호 등 지속 가능성을 구현하는 데에 AI가 활용되는 것을 첫 번째 원칙으로 제시한 것이다. 따라서 인간에게 위험을 제기할 수 있다는 점을 전제로 한 EU의 AI법과 달리, OECD의 원칙은 AI의 잠재적 가능성과 긍정적 가치를 우선적으로 다루고 있다.

두 번째 원칙인 '사생활을 포함한 인권과 민주적 가치에 대한 존중'은 법치주의, 인권, 민주적이고 인간 중심적인 가치를 존중해야 함이 강조된다. AI에 의해 증폭된 잘못된 정보와 허위 정보를 다루는 것과 동시에 표현의 자유와 해당 국제법에 의해 보호되는 기타 권리와 자유를 존중하는 것도 포함된다. 이를 위해 AI 행위자는 의도된 용도 이외의 사용 등 의도적인 오용 또는 의도하지 않은 오용으로 인해 발생하는 위험을 해결하기 위한 메커니즘과 안전 장치를 구현해야 하며, 이는 맥락에 적합하고 최신 기술 수준을 반영해야 한다고 설명하고 있다. 프라이버시권 등 인간의 기본권을 존중하는 AI의 원칙을 강조하고 있으며, 인간의 행위 능력과 감독 능력이 반영될 수 있는 메커니즘과 안전 장치를 구현해야 함도 강조한다. 이는 AI가 의도적이거나 또는 실수로 인간 중심적 가치를 훼손할 수 있는 위험이 포함되며, 이를 위해 인간의 개입·감독 능력을 포함한 '가치 정렬(values-alignment)'을 촉진하는 것이 중요함을 강조한다. 즉, AI 시스템의 메커니즘에 인간의 적극적인 개입과 참여가 이뤄질 때 AI의 인간 중심적 가치가 훼손되지 않을 것이라고 보았다.

세 번째 원칙인 '투명성과 설명 가능성'은 AI 행위자가 AI 시스템에 대한 투명성과 책임 있는 공개 의무를 의미한다. OECD는 투명성이라는 용어가 여러 가지 의미를 담고 있다고 보았는데, 이 원칙에서 초점은 AI가 사용될 때 공개하는 것을 말한다. 여기에서 'AI가 사용되는 시점'이란 예측, 권장 또는 결정에서 사용자가 챗봇과 같은 AI 기반 에이전트와 직접 상호 작용하는 순간을 의미한다. 설명 가능성은 AI 시스템의 결과에 영향을 받는 사람들이 그 결과가 어떻게 도출되었는지를 이해할 수 있도록 함을 의미한다. 여기에는 AI 시스템의 결과에 영향을 받는 사람들에게 이해하기 쉬운 정보를 제공하여 부정적 영향을 받는 사람들이 결과에 이의를 제기할 수 있는 것도 포함된다. 특히 실행 가능한 범위 내에서 결과를 초래한 요인과 논리에 대해 이의를 제기할 수 있어야 함이 강조되고 있다. 따라서 명확하고 간단한 용어, 그리고 맥락에 맞게, 의사 결정의 주요 요인과 결정 요인, 그리고 특정 결과의 배후에 있는 데이터와 알고리듬을 제공하거나, 유사한 상황에서 왜 다른 결과가 생성되었는지가 설명되어야 한다.

네 번째 원칙인 '견고성, 보안성, 안전성'은 AI 시스템이 수명 동안, 견고하고 안전하고 보안이 강화된 방식으로 작동해야 하며 잠재적 위험은 지속적으로 평가하고 관리돼야 함을 다루고 있다. 이 원칙은 복잡한 AI 시스템의 안전성 · 보안 문제를 해결하는 것이 AI에 대한 신뢰를 확보하는 데에 중요하다는 점을 반영하고 있다. 또한 견고성은 디지털 보안 위험을 포함한 다양한 변수와 불리한 조건들을 극복하는 능력을 의미한다. 이에 따라 AI 행위자는 위험 관리 접근 방식을 사용하여 예측 가능한 오용을 식별하고 보호해야 하며, 원래 설계된 목적 이외의 목적으로 AI 시스템을 사용하는 것과 관련된 위험에서 보호할 의무가 있다. 따라서 AI의 견고성과 보안, 안전성은 서로 연결된 개념이다. 예를 들어 디지털 보안은 위험성이 적절히 관리되지 않으면 자동차나 가전제품 등 연결된 사물 인터넷 장착 디바이스의 안전에도 영향을 미칠 수 있기 때문이다.

다섯 번째 원칙인 '책임성'은 AI 시스템을 개발 · 배포 또는 운영하는 조직과 개인은 AI에 대한 OECD의 가치 기반 원칙에 따라 해당 시스템이 적절하게 기능하도록 책임을 져야 함을 의미한다. AI 행위자는 자신의 역할, 맥락, 행동 능력에 따라 AI 시스템 수명 주기의 각 단계에 체계적인 위험 관리 접근 방식을 지속적으로 적용하고, 적절한 경우 다양한 AI 행위자, AI 지식 · 리소스 공급자, AI 시스템 사용자와 기타 이해관계자 간의 협력을 포함하여 AI 시스템과 관련된 위험을 해결하기 위한 책임 있는 사업 행위를 채택해야 한다. 위험에는 유해한 편견, 안전, 보안과 개인 정보 보호를 포함한 인권, 노동, 지적 재산권과 관련된 위험이 포함된다. 여기에서 말하는 책임성은 responsibility가 아니라 accountability로, 단순히 내 행위에 대한 책임의 개념을 넘어 사회 경제적 책무성에 가까운 의미로 보아야 할 것이다. 따라서 장래적으로는 개인이나 조직의 행동을 안내하는 윤리적 · 도덕적 지침이며, 이를 거스를 경우 단순히 법적인 개념이 아니라 비법적(非法的)인 관점을 포함한 윤리적 · 도덕적 인과 관계를 담고 있다. 이러한 다섯 번째 원칙에 근거해 AI 시스템은 수명 주기 전반에 걸쳐 적절한 기능이 보장돼야 하며, 이를 행동과 의사 결정 과정을 통해 입증할 것이라는 윤리적 · 도덕적 기대감도 내포하고 있어야 한다.

5가지 AI 정책 권고안

OECD의 AI 원칙은 5개의 정책 권고안도 포함하고 있다. 정부는 OECD AI 원칙과 관련 도구를 사용하여 정책을 형성하고 AI 위험 프레임 워크를 만들어 관할권 간의 글로벌 상호 운용성을 위한 기반을 구축한다. EU, 유럽위원회, 미국, UN, 기타 관할권은 입법 · 규제 프레임 워크와 지침에서 OECD의 AI 시스템 · 수명 주기 정의를 사용하고 있다. 원칙, 정의, 수명 주기는 모두 OECD 인공지능 권장 사항의 일부다.

이처럼 글로벌 표준이 되고 있는 OECD의 정책 권고안 역시 다섯 가지 항목이 제시된다. 이는 AI 활용 혜택을 극대화하고 위험을 최소화하기 위한 정부의 역할을 다루고 있다.

첫 번째 권고 사항은 'AI 연구 개발(R&D)에 대한 투자'다. 정부는 신뢰할 수 있는 AI의 혁신을 촉진하기 위해 연구 개발에 대한 공공·민간 투자를 촉진해야 한다. 특히 AI 관련 사회적·법적·윤리적 의미와 정책 문제에 초점을 맞춘 연구 개발과 오픈 사이언스(open science: 과학 연구와 보급을 아마추어에서부터 전문가에 이르기까지 접근할 수 있도록 하는 운동), 학제 간 노력을 포함해 공공과 민간 영역에 장기적 투자를 장려해야 한다. 또한 AI 연구 개발을 위한 편견 없는 환경을 지원하고, 상호 운용성과 표준 사용을 개선하기 위해 대표성을 갖추고 개인 정보와 데이터 보호를 존중하는 오픈 소스 도구와 오픈 데이터 세트에 대한 투자도 장려해야 한다. 이는 AI가 가져올 혁신이 사회적 문제를 해결하고 새로운 산업을 창출하는 방향으로 활용돼야 함을 반영한 사항이다.

두 번째 권고 사항은 '포괄적인 AI 생태계 육성'이다. 정부는 디지털 인프라와 기술을 갖추고 데이터와 지식을 공유할 수 있는 메커니즘을 갖춰 접근 가능한 AI 생태계를 육성해야 한다. 이는 첫 번째 권고 사항인 AI 연구 개발이 민간과 공공, 전문가와 비전문가 모두를 대상으로 개방되고 장려돼야 한다는 것과 연계된다. 이러한 생태계에는 데이터, AI 기술, 컴퓨팅, 연결 인프라, AI 지식 공유 메커니즘 등이 포함된다. 이와 관련해 정부는 안전하고 공정하며 합법적이고 윤리적인 데이터 공유를 지원하기 위해 데이터 트러스트(data trust: 공유 데이터를 안전하게 관리하기 위한 법적 프레임워크)와 같은 메커니즘 촉진을 고려해야 한다.

세 번째 권고 사항은 'AI를 위한 상호 운용 가능한 거버넌스 · 정책 환경 형성'이다. 정부는 신뢰할 수 있는 AI 시스템을 구축할 수 있는 정책 환경을 조성해야 하며, 이는 AI 연구 개발 단계에서부터 배포 · 운영 단계로의 전환을 지원하는 모든 과정을 포함한다. AI 기술의 빠른 성장 속도를 고려할 때 혁신을 촉진할 유연한 정책 환경 조성이 곧 안전하고 법적 확실성을 갖춘 AI 생태계 조성의 방향성이라는 점이 반영된 것이다. 따라서 정부는 AI 행위자들이 행동 강령, 자발적 표준 · 모범 사례와 같은 자율 규제 메커니즘을 적극적으로 개발하도록 장려할 필요가 있다. 이는 AI 시스템의 영향력과 오용을 모니터링하고 보고 · 평가하는 것에서 나아가 해결 방안을 찾는 것도 포함해야 할 것이다.

네 번째 권고 사항은 '인적 역량의 구축과 노동 시장 변화에 대비'함이다. 정부는 AI에 필요한 기술이 일자리 변화에 미치는 영향에 대비해야 하며, 사람들이 다양한 애플리케이션에서 AI 시스템을 효과적으로 사용하고 상호 작용할 수 있도록 지원해야 하므로 이에 필요한 기술도 제공해야 할 의무가 있다. AI가 사회 곳곳으로 확산되면서 우리 삶이 크게 변화할 것으로 예상되는 가운데, 노동과 고용의 영역에서도 큰 변화가 예측되고 있다. 인간의 일자리를 AI가 빼앗아 갈 것이라는 두려움에서부터, AI와 협업하는 새로운 일자리가 형성될 것이라는 기대감에 이르기까지 그 범위는 매우 광범위하다. 이에 정부는 사회적 파트너십, 경영자 조직과 노동조합 같은 다양한 이해관계자와 함께 사회적 보호, 교육 프로그램, 기술 개발, 노동 시장 규제, 공공 고용 서비스, 산업 정책과 자금 조달 등 다양한 정책 이슈를 발굴하고 그 해결 방안을 모색해야 한다. 이러한 정책 이슈에서는 의사나 법률가 등 전문직에서부터 생산직에 이르기까지 다양한 영역의 일자리가 고려돼야 할 것이다. 또한 노동자의 자율성과 직무의 질적 측면을 보호하면서 유연성 있는 노동 환경을 조성함으로써 'AI 시대 일자리의 미래'를 모색해야 한다.

마지막 다섯 번째 권고 사항은 '신뢰할 수 있는 AI를 위한 국제 협력'이다. 앞서 살펴본 최초의 AI 통합 규제법인 EU의 AI법에서도 강조됐듯이, AI 시스템은 국경과 문화의 장벽이 존재하지 않는다. 따라서 정부는 국경을 넘나드는 협력과 정보 공유, 표준화된 AI 시스템 개발, 그리고 AI에 대한 책임 있는 관리를 위한 국제 협력을 추진해야 한다. 또한 정부는 상호 운용 가능하고 신뢰할 수 있는 AI를 위한 다양한 이해관계자의 합의를 중심으로 한 글로벌 기술 표준 개발을 촉진해야 한다. 특히 보안, 프라이버시, 지식 재산권, 인권과 민주적 가치를 보호하기 위한 데이터의 국가 간 흐름에 모든 정부가 기여해야 할 것임이 강조되고 있다. OECD는 이러한 협력에 개발도상국과 최빈개도국을 포함해야 함을 강조하고 있으며, 2025년 1월 22일에는 OECD-아프리카 연합 AI 대화(The OECD-African Union AI Dialogue 2.0: From strategy to implementation)를 추진한 바 있다.

AI 원칙이 불러온 변화

2019년 이후 OECD의 AI 원칙과 권고 사항은 지속적인 모니터링을 거치고 있다. OECD AI 원칙의 4년 간 평가보고서(OECD, 2023)는 이러한 내용의 중간점검이라 할 수 있다. 회원국과 비회원국을 포함한 50개 국가를 평가한 내용에 따르면 OECD의 원칙과 정부 권고 사항의 큰 틀에서 다양한 국가별 AI 이슈 프레임워크가 형성되고 있음을 알 수 있다. 예를 들어 한국과 일본, 그리고 인도에서는 OECD의 AI 원칙을 국가별 특성에 맞춰 정의내리고 가이드라인을 구축하는 작업이 진행됐다. 캐나다, 미국, EU, 브라질, 중국에서는 OECD의 AI 원칙에 기반한 법률과 규제의 프레임워크가 도출됐다. 특히 한국의 경우 2023년 관련 분야 산 · 학 · 연 다수 기관이 참여하는 'AI 혁신 허브(Research Data Centre of AI Innovation Hub)'가 출범한 것을 우수 사례로 소개하고 있다.

앞서 살펴본 바와 같이 OECD의 AI 원칙은 강제성을 가진 법이나 규제는 아니지만, 글로벌 AI 환경에서 추구해야 할 원칙과 정책적 권고 사항을 제시했다는 점에서 다양한 국가로부터 특색 있는 변화를 불러오고 있다.

그 대표적인 것이 바로 GPAI(Global Partnership on AI: 글로벌 인공지능 협의체)다. GPAI는 캐나다와 프랑스의 주도로 G7에서 제안돼 한국을 포함한 15개 창립 회원국이 참여해 2020년 출범한 AI 분야 글로벌 협의체로, OECD의 AI 원칙과 권고안에 기초해 △ 책임성 있는 AI, △ 데이터 거버넌스, △ AI와 팬데믹, △ 일자리의 미래,

△ 혁신과 상업화를 주제로 AI 전략을 수립해 오고 있다. OECD과 GPAI는 각자의 회원국을 하나로 모아, 인간 중심적이고 안전하고 보안성이 확보되며 신뢰할 수 있는 AI를 구현하기 위한 통합 파트너십을 추진해 오고 있다. 이 파트너십에는 2025년 1월 현재 44개 국가가 참여해 오고 있으며, 앞으로 그러한 네트워크를 확대해 나갈 예정이다. OECD와 GPAI는 통합 파트너십에 근거한 AI 정책과 데이터 분석 결과를 실시간으로 업데이트해 오고 있다.

참고문헌

OECD(2023). *The state of implementation of the OECD AI Principles four years on*(OECD Artificial Intelligence Papers No. 3). OECD Publishing.

OECD AI Principles overview. https://oecd.ai/en/ai-principles

06

UN의 AI 가이드라인과 미디어 윤리

2024년 9월, UN의 인공지능 자문 기구는 『인류를 위한 AI 거버넌스』 보고서를 발표했다. AI 관련 위험을 해결하고, 전 세계적으로 그 변혁적 잠재력을 공유하기 위한 청사진이 제시되는 가운데 7가지 권장 사항이 제안되고 있다. 이를 통해 UN이 제시한 인간 중심의 AI 거버넌스 모델과 미디어 윤리의 방향성을 진단한다.

AI와 야구?

UN, AI 자문 기구 출범

2023년 10월, UN은 AI 거버넌스의 국제 사회 노력을 지원하기 위해 AI 자문 기구를 출범시켰다. 당시 UN 사무총장이었던 안토니우 구테흐스는 "AI가 선의를 위한 변화를 가져올 수 있다는 잠재력은 파악하기 어렵다"며, AI의 악의적 사용이 사회적 응집력을 약화시키며 민주주의 자체를 위협할 수 있다는 것은 이미 분명하다는 점을 강조했다. 그리고 인류 전체에 대한 혜택을 극대화하고 위험을 감소하기 위해 글로벌-학제 간-이해관계자 간 대화가 이뤄지기 위한 장이 필요함에 따라, 그러한 거버넌스 역할을 수행하게 될 AI 자문 기구가 출범하게 됐음을 밝혔다.

정부, 민간 기업, 연구 공동체, 시민 사회, 학계 전문가 등 다중 이해관계자가 참여한 이 위원회는 AI가 인류를 위해 일할 수 있도록 돕는 데에 고유한 기능을 하는 보조자로서의 역할에 매우 큰 도움이 될 것으로 기대된다. 그러한 기대의 첫 관문이 지속 가능한 개발 목표를 위한 AI 활용 강화, AI 거버넌스 협력 강화였다. 이를 위해 위원회는 2023년 말까지 예비 권장 사항 발표, 2024년 여름까지 최종 권장 사항을 발표하는 것을 목표로 하였다.

그렇게 발표된 보고서가 『인류를 위한 AI 거버넌스』

(UN, 2024b)였으며, 그 이전에『인공지능 거버넌스를 위한 UN 시스템 백서』(UN, 2024a)를 통해 AI 거버넌스 구축을 위한 UN의 역할을 발표한 바 있다.

인류를 위한 AI 거버넌스의 지향점

2024년 4월, UN의 최고조정이사회(CEB)는『인공지능 거버넌스를 위한 UN 시스템 백서』를 발표했다. 여기에는 AI 거버넌스에 적용 가능한 UN 시스템 내 현행 제도적 모델과 관련 기능, 기존 국제 규범의 프레임워크 분석 내용이 담겨 있다.

백서는 2022년 말부터 생성형 AI와 대규모 언어 모델의 급속한 발전과 확장으로 인해 AI 거버넌스의 중요성이 급부상하고 있으며, 특히 국제적 영역에서 AI 거버넌스의 필요성이 커지고 있음에 주목했다. 이를 위해 UN 내 AI 관련 기관과 기구 간 실무 그룹을 대상으로 한 AI 거버넌스의 필요성을 우선 공유하는 것을 목표로 다음과 같은 3가지 초점 영역을 제시하고 있다(UN, 2024a).

첫째, AI 거버넌스를 알리고 형성하는 UN 시스템의 기존 규범과 정책 도구를 진단한 결과, AI 기술에 대한 국제 표준이 규범 설정과 상호 운용성을 촉진하는 데에 매우 효과적임을 제시하고 있다. 또한 AI 규범에 대한 프레임워크를 사전 진단하는 과정에서부터 주요 이해관계자를 포함시키는 것은 규범에 대한 정당성을 부여하는 점에서 매우 중요하다고 보았다.

둘째, 글로벌 AI 거버넌스를 알리는 제도적 기능을 진단한 결과, 맞춤형 접근법의 필요성이 제기됐다. 과학적 연구와 합의 형성, 규범·표준 설정, 집행·모니터링, AI 기술의 개발·확산 등이 이에 해당된다. 다양한 학문적 배경과 이해관계를 가진 구성원들이 참여하는 그룹이 주도할 때 AI 거버넌스의 정당성이 부여될 수 있으며, 국제적 합의를 형성하는 데에 용이함이 강조됐다. 또한 AI 표준과 관련해서는 설명 가능성, 견고성, 안전 설계와 같은 영역에서 주요 이해관계자를 포함시킴으로써 AI 안전성을 구현할 수 있음을 강조했다.

셋째, 기존 거버넌스의 구조와 포괄적 규범화의 과정, UN 시스템의 민첩하고 예측 가능한 접근 방식이 필요하다고 보았다. AI 거버넌스를 개발하고 구현하는 것은 포괄적이고 보편적이며, 무엇보다 다중 이해관계자 협력에 뿌리를 두며, UN 헌장에 기반해야 함이 강조됐다. 또한 AI의 규범화 과정(정책 형성), 도구 설계(기술 개발) 과정에서 민첩하고 예측 가능한 접근 방식이 필요하다고 보았다.

이와 같은 세 가지 초점은 UN이 인류를 위한 AI 거버넌스를 구축하는 과정에서 주요 지향점으로 다루어질 예정이다.

인류를 위한 AI 거버넌스의 실행 전략

2024년 9월, UN사무총장 인공지능고위급자문기구(HLAB-AI: High Level Advisory Body on AI)는 『인류를 위한 AI 거버넌스』 최종 보고서를 발표하고, 국제 AI 거버넌스 구축을 위한 7가지 과제를 제시했다. 33개 국가 출신의 기술 · 법률 · 데이터 보안 전문가 39인으로 구성된 자문 기구는 AI 기술 발전에 따른 위협에 대비하고, 무엇보다 인권을 보호하는 관점에서 AI 생태계가 구현되기 위해서는 다음과 같은 7가지 관점에서의 거버넌스가 구축돼야 할 필요성을 제시했다(UN, 2024b).

첫째, AI에 대한 신뢰할 수 있는 과학적 지식을 제공하는 국제 과학 패널을 설립한다. 현재 AI와 관련한 지식과 기술은 분산되어 있는 만큼, 다양한 분야 전문가의 자발적 참여로 구성되는 국제 과학 패널을 설립하는 것이 제안됐다. UN은 연구자들이 최신 기술에 대한 아이디어를 교환할 수 있고 신뢰할 수 있는 플랫폼을 통해 AI 연구에 대한 새로운 출발점을 제공함으로써, 분산된 지식을 모으고 중복된 노력을 방지하고자 함을 밝히고 있다. 이를 통해 AI와 관련한 역량, 기회, 위험과 불확실성을 조사하고 기술 동향에 대한 과학적 합의 영역과 추가 연구가 필요한 영역을 파악하는 연례 보고서를 발행함으로써 UN의 '지속가능개발목표'를 AI 생태계에서도 구현해 가나는 것을 목표로 함을 알 수 있다.

둘째, UN에서 정부 간 · 다자 간 이해관계자 회의를 통해 AI 거버넌스에 대한 새로운 정책적 대화를 시작한다. UN은 AI에 대한 공통 이해와 함께 모든 국가의 이익을 위해 글로벌 규범과 원칙에 기반한 상호 운용 가능한 거버넌스 접근 방식을 수립하기 위한 공통의 토대를 '대화'로 보았다. 이를 위해 모든 회원국이 이해관계자의 전문성을 활용해 인권을 기반으로 한 AI 개발을 촉진하고, 국경 간 과제를 공유할 수 있는 포괄적인 정책 포럼을 제시한 것이다. 이는 AI의 모든 측면을 포괄할 수는 없겠지만, AI와 관련한 국제 협력의 틀을 조성하고, 산업적 · 국가적 노력을 글로벌 규범 · 원칙과 더 잘 일치시키려는 목적이다. UN의 후원하에 이러한 다자간 교류를 제도화하면 새로운 거버넌스 관행과 적절한 정책 대응을 논의할 신뢰가 형성될 수 있을 것이라는 점도 반영된다. 이미 UN은 뉴욕과 제네바, 싱가포르에서 정기적으로 UN 인공지능고위급자문기구 회의를 개최해 오고 있다. 2024년 3월 제네바에서 개최된 회의에서는 한국의 개인정보보호위원회도 참석한 가운데, 교육 · 환경 · 보건 등 6개 영역과 인공지능 표준 · 지식 재산권 · 데이터 · 오픈소스 등 6개 주제에 대한 다중 이해관계자 의견 수렴 심층 분석을 본격화하고 논의를 확장해 나갈 것을 결의한 바 있다. UN은 AI 거버넌스에 대한 정부 간, 다중 이해관계자 간 정책 대화를 2년에 한 번씩 개최하는 것을 권고하고 있으며 특히 국가 기관의 대응 능력을 초과할 우려가 있거나 이미 초과한 주요 이슈를 자발적으로 공유해 공통의 해법을 모색해 나갈 예정이다.

셋째, AI 표준화 기구, 기술 기업, 시민 사회 대표들이 참여하는 AI 표준 교환이 요구된다. 거버넌스의 핵심이 민 · 관 협업 네트워크의 구축이기도 하지만, AI 거버넌스의 경우 기술의 표준화를 중심으로 한 협의체를 구축하는 것도 매우 중요하다. 최근 국제전기통신연합, 국제표준화기구(International Organization for Standardization, ISO), 국제전기기술위원회(International Electrotechnical Commission, IEC) 등이 채택한 AI 표준이 발표되고는 있지만 이들 사이에는 공통된 '언어'가 없다는 것이 지적되고 있다. 이러한 관점에서 UN은 AI가 일상적으로 사용되는 현장에서 공정성, 안전성, 투명성과 관련해 합의된 정의가 없으므로 윤리적 원칙을 수립하기에 한계가 있다고 보았다. 이를 해결하기 위해 기술 기업과 시민 사회 대표자뿐만 아니라 표준화 과정에 참여한 전문가들이 협의체를 구성할 때 전 세계적으로 상호 운용 가능한 AI 표준의 정보 교환소가 구축될 수 있을 것이라는 입장이다. 이를 위해 UN은 AI 표준 교환소를 구축하는 과정에서 국가 · 국제 표준 개발 기구, 기술 개발 기업, 그리고 시민 사회와 국제 과학 패널 대표자들이 참여하는 거버넌스 모델을 제안했다.

넷째, AI 거버넌스 역량 강화를 위한 글로벌 AI 역량 개발 네트워크를 설립한다. 밀레니엄 개발 목표에서 지속 가능한 개발 목표에 이르기까지 UN은 오랫동안 개인과 기관의 역량 개발을 위한 지표를 개발해 왔다. 이에 AI 시대를 맞이해 UN 산하 협력 센터를 상호 연결해 핵심 주체들을 대상으로 AI와 관련한 전문 지식과 교육 데이터를 제공하는 'AI 역량 개발 네트워크'를 설립하는 것을 권장하고 있다. 네트워크는 지역 · 글로벌 AI 역량 강화를 촉진하고 모든 인권의 존중과 보호, 충족을 증진하는 동시에, 개발을 촉진하기 위한 AI 거버넌스 역량을 구축함을 목표로 한다. 특히 AI 기술의 연구 개발 인프라가 부족한 환경에서 학제 간 연구 팀과 민간 기업이 협업해 맞춤화된 프로토콜을 제시하고, AI 솔루션을 테스트·실습할 수 있는 샌드박스(sandbox: 산업 육성을 위해 새로운 서비스나 기술이 출시될 시 기존 규제를 유예하여 일정 기간 이용토록 하고 문제 발생 시 사후 규제하는 제도)를 적극적으로 지원하고자 한다.

다섯째, 글로벌 AI 기금을 확보해 국가 간 역량·협력 격차를 해소한다. 소수의 디지털 선진국을 제외한 다수의 국가는 여전히 AI를 적절하고 효과적으로 활용할 수 있는 자원이 부족한 실정이다. 역량 개발에 대한 노력에도 불구하고 일부 국가에서는 국제적 지원 없이는 교육, 컴퓨팅, 데이터 접근에 대한 장벽이 높을 따름이다. 이에 UN은 고급 컴퓨팅 리소스와 기능에 대한 접근권을 보장함으로써 국가 간 AI 격차를 해소하기 위한 발판을 마련하고자 한다. 이를 위해 '글로벌 AI 기금'을 확보하고, 공공·민간의 영역에서 재정 지원과 현물 지원을 수행함으로써 지속 가능한 개발 목표에 부합하는 AI 생태계를 구축하고자 한다.

여섯째, 데이터 관련 정의, 원칙, 관리 방식을 표준화해 AI 시스템의 투명성과 책임성을 보장하는 글로벌 AI 데이터 프레임워크를 구축한다. AI 교육 데이터에 대한 접근권은 지역 단위에서 AI 생태계를 구축하는 데에 매우 중요한 원동력이다. 특히 데이터 접근권이 제한된 국가, 지역, 인구 통계학적 그룹의 경우 이는 매우 중요한 이슈가 된다. UN은 전 세계적인 집단적 행동만이 AI의 인권 보호와 공정한 이용을 가능케 하는 것이므로 '글로벌 AI 데이터 프레임워크'의 필요성을 강조하고 있다. UN은 인권, 지식 재산권, 지속가능한 개발이라는 공익적 목표에 따라 AI 윤리와 거버넌스를 통합하기 위해 △문화적 · 언어적 다양성 증진, △ 투명하고 책임 있는 AI 교육 데이터 출처와 공통된 표준 수립, △ 신뢰 가능한 AI 생태계 조성을 위한 데이터 트러스트를 구축하기 위함을 목표로 'AI 데이터 프레임워크' 디자인을 수행해 나갈 예정이다. 이러한 제안은 AI의 격차를 해소함으로써 더욱 많은 이해관계자의 참여를 이끌어 내는 거버넌스 모델이 될 것이며, 국경을 넘나드는 AI에 효율적으로 대응할 수 있는 AI 생태계를 조성할 수 있을 것이다.

마지막으로 일곱째, UN 사무국 내 AI 사무국을 설립한다. UN의 AI 거버넌스 생태계가 하나의 통일된 목소리를 낼 수 있는 표준 교환, 역량 개발 네트워크, 그리고 글로벌 기금과 데이터 프레임워크를 총괄하는 사무국을 설립함으로써 다양한 관련 부서와의 협력을 효율적으로 이끌어 낼 것을 제안하고 있다.

이와 같은 AI 거버넌스 구현을 위한 일곱 가지 과제는 인류의 지속 가능한 발전을 목표로 하는 UN의 지향 가치를 구현한다는 관점에서 AI 윤리의 또 다른 방향성을 제시하고 있다. 그리고 기술 변화가 아니라 인간의 대응 방향을 중심으로 한 실천 전략을 제시함으로써, AI 생태계의 윤리성을 구축하기 위한 적극적인 목적의식을 구체화한 것으로 평가된다.

참고문헌

UN(2024a). United Nations System White Paper on AI Governance: An analysis of the UN system's institutional models, functions, and existing international normative frameworks applicable to AI governance. https://unsceb.org/sites/default/files/2024-04/United%20Nations%20System%20White%20Paper%20on%20AI%20Governance.pdf

UN(2024b). Governing AI for humanity. https://www.un.org/sites/un2.un.org/files/governing_ai_for_humanity_final_report_en.pdf

07
한국의 AI 가이드라인과 미디어 윤리

2020년 12월, 한국은 대통령 직속 4차산업혁명위원회 전체 회의에서 인공지능 시대의 바람직한 인공지능 개발 · 활용 방향을 제시하기 위한 '인공지능 윤리 기준'을 발표했다. 이후 한국 정부는 AI 윤리 기준의 범위를 지속적으로 확장해 오고 있으며, 다양한 정책 로드맵과 실현 전략을 수립해 오고 있다. AI 정책 변화 과정을 중심으로 한국형 AI 윤리의 지향점과 실행 과정을 진단한다.

AI와 윤동주?

인간성에서 출발한 한국의 AI 윤리 기준

2020년 12월 23일, 대한민국 대통령 직속 4차산업혁명위원회 전체 회의에서 인공지능 시대 바람직한 인공지능 개발·활용 방향을 제시하기 위한 '사람이 중심이 되는 인공지능 윤리 기준'이 발표됐다. 2017년 7월 중국의 '차세대 인공지능 발전 규획', 2018년 4월 영국의 'AI 섹터 딜(AI Sector Deal)', 2019년 2월 미국의 'AI 이니셔티브 행정 명령', 2019년 3월 일본의 'AI 전략' 등 국가별 AI 전략이 앞다퉈 발표되는 시점이었다. 중국의 경우 정부 주도의 데이터, AI 분야 대규모 투자·인력 양성을 추진하고 선도 기업을 지정해 산업별 특화 플랫폼(바이두의 자율 주행 차량, 알리바바의 스마트 도시, 텐센트의 의료·헬스 등)을 조성하는 것이 주요 내용이었다. 영국은 산업 생산성을 높이기 위한 관점에서 5개 분야별 정책 제안을 제시했으며, 일본은 산업 활력 제고와 저성장·고령화 등 사회 문제 해결을 위한 수단으로 AI 기술 혁신 가속화를 위한 내용을 담고 있었다. 미국 또한 AI 연구 개발과 인력 양성에 대한 정부의 중장기적 투자로 민간 분야의 자생적 경쟁력을 높이겠다는 내용이 요지였다.

한국도 2019년 12월 17일, 경제·사회 전반의 혁신 프로젝트로서 과학기술정보통신부를 비롯한 전 부처가 참여해 마련한 '인공지능(AI) 국가 전략'을 발표한 바 있다. 세계 최고 수준의 메모리 반도체 경쟁력을 지렛대로 활용해 AI 반도체 경쟁력 세계 1위 달성을 목표로 전략적 투자를 강화하고, 어릴 때부터 쉽고 재미있게 소프트웨어(SW)와 AI를 배우고 모든 연령 · 직군에 걸쳐 전 국민이 기초 역량을 습득할 수 있는 교육 체계를 구축하는 내용이 담겨 있다. 이를 위해 과감한 규제 혁신과 법제도를 정비하고, 전 세계에서 AI를 가장 잘 활용하는 나라로 도약함을 목표로 하였다.

그렇다면 한국 정부는 AI의 윤리적 활용에 대해 어떠한 기준점을 제시하고 있을까? 2020년 12월 23일 발표된 '인공지능(AI) 윤리 기준'은 윤리적 AI를 실현하기 위해 정부 · 공공 기관, 기업, 이용자 등 모든 사회 구성원이 AI의 개발~활용 전체 단계에서 함께 지켜야 할 3대 원칙과 10대 요건을 담고 있다. 그리고 이와 같은 기준을 수립하는 과정에서 AI · 윤리학 · 법학 등 학계 · 시민 단체 · 기업을 아우르는 주요 전문가들이 자문과 의견 수렴 과정에 참여했으며, 2020년 11월 발표된 초안에 대해 공개 공청회 등 시민 의견 수렴의 과정도 거쳤다. 이는 OECD에서도 일찌감치 AI 거버넌스 체제를 갖추기 시작한 사례로 주목받은 바 있다.

'사람이 중심이 되는 인공지능(AI) 윤리 기준'은 AI가 추구해야 할 최고 가치로 '인간성(humanity)'을 설정하고 있으며, 모든 AI 기술은 인간성을 보호하는 관점에서 인간에게 유용할 뿐만 아니라 나아가 인간 고유의 성품을 훼손하지 않고 보존하고 함양하도록 개발되고 활용돼야 함을 강조하고 있다. 또한 사회적 불평등 해소에 기여하고 주어진 목적에 맞게 활용되어야 하며, 목적의 달성 과정 또한 윤리적이어야 하고, 궁극적으로 인간의 삶의 질, 사회적 안녕과 공익 증진에 기여하도록 개발되고 활용돼야 함을 선포했다(관계부처 합동, 2020).

한국 정부가 강조하고 있는 '인간성' 구현을 위한 AI의 3대 기본 원칙과 10대 핵심 요건은 다음과 같다.

우선 3대 기본 원칙은 △인간의 존엄성 원칙, △사회의 공공선 원칙, △기술의 합목적성 원칙이다.

인간의 존엄성 원칙은 AI가 인간의 생명은 물론이고 정신적 · 신체적 건강에 해가 되지 않는 범위 내에서 개발 · 활용되고, 안전성과 견고성을 갖춰야 한다.

사회의 공공선 원칙은 사회적 약자와 취약 계층에게 AI의 접근성이 보장되도록 개발 · 활용돼야 하며, 공익 증진에 기여해야 한다.

기술의 합목적성 원칙은 AI가 인류의 삶에 필요한 도

구라는 목적과 의도에 부합되게 개발 · 활용돼야 하며, 그 과정도 윤리적이어야 한다.

3대 기본 원칙을 실천하고 이행할 수 있도록 AI의 전체 생명 주기에 걸쳐 충족돼야 하는 10대 핵심 요건은 ① 인권 보장, ② 프라이버시 보호, ③ 다양성 존중, ④ (인간) 침해 금지, ⑤ 공공성, ⑥ 연대성, ⑦ (개인 정보 등 엄격한) 데이터 관리, ⑧ 책임성, ⑨ 안전성, ⑩ 투명성으로 제시된다.

이와 같은 원칙과 요건은 2019년 5월 OECD가 발표한 5가지 원칙과 5가지 권고 사항의 큰 틀을 벗어나지 않는 유사성을 보이고 있다. 하지만 AI의 지위를 인간을 위한 수단이기는 하지만 인간종 중심주의(human species-centrism) 또는 인간 이기주의를 표방하지 않으며, AI가 독립된 인격으로서의 인공지능을 의미하지 않는다는 점을 명시함으로써 법 · 제도적 프레임을 구성했다는 점은 주목할 부분이다. 또한 AI 기술의 개발부터 활용에 이르는 전 단계에 참여하는 모든 사회 구성원이 그 적용 범위와 대상임을 명시하고 있으며, 이는 정부 · 공공 기관, 기업, 이용자를 아우르는 개념이라는 점은 다양한 이해관계자의 참여하에 지속적 토론과 숙의 과정을 거쳐 주체별 체크리스트 개발 등을 제시함으로써 인공지능 윤리의 실천 방안을 마련한 것으로 이해된다.

윤리에서 출발해 법과 제도로 확장

'인공지능(AI) 윤리 기준'이 발표된 직후인 2020년 12월 24일, 한국 정부는 AI 시대를 준비해 나가기 위한 법적 기반을 마련하기 위한 '인공지능 법 · 제도 · 규제 정비 로드맵'을 발표했다. AI 활용 촉진과 부작용 최소화를 달성하기 위한 30개 과제가 제시된 로드맵에서는 △ 데이터 거래 · 유통 · 활용 기반 조성, △ 자동화된 개인 정보 처리에 의존한 의사 결정에 대한 설명 요구권 · 이의 제기권 도입, △ AI 법인격과 책임 체계 정립을 위한 장기 과제 추진, △ 알고리듬 투명성 · 공정성 확보와 윤리 정립으로 신뢰할 수 있는 AI 기반 조성, △ 의료 · 금융 · 행정 분야 안전한 AI 활용 촉진, △ 사회 환경 변화 대응을 위한 고용 · 노동과 포용 · 복지 법제 정비 추진의 내용이 담겨 있다.

특히 AI의 법인격이 주요 과제로 다뤄지고 있다는 점이 주목할 부분이다. 이는 국내 관련 분야 전문가들을 대상으로 의견 조사를 실시한 결과, AI가 인간의 지적 능력 일부를 수행하거나 자율적 판단이 가능한 경우에 대비해 창작물 생성 시와 민 · 형사상에서 AI의 권리 주체 인정 여부에 대한 논의가 필수적일 것이라는 점을 반영한 것이다. 이에 따라 한국 정부는 AI 창작물 투자자 · 개발자 등의 지식 재산권 인정 여부와 민 · 형법 개정 검토를 통해 법체계 개편 논의를 장기 과제로 추진해 오고 있다. 앞서 발표한 '인공지능(AI) 윤리 기준'에서 AI는 독립된 법인격을 가지지 않았음을 강조했기에, 향후 AI 산출물에 대한 지식 재산권 분쟁이나 AI의 독립 범죄가 발생할 경우 현행 지식 재산권법이나 형법이 적용되기 어려운 한계가 있다는 점은 정부 차원에서 시급하게 논의돼야 할 부분이다.

한국에서 AI와 관련한 정책적 접근에서 '의료' 분야에 대한 논의가 심층적으로 이뤄지고 있는 것도 주목할 부분이다. 로드맵에서는 신약 개발, 의료 데이터 분석 등에 AI 활용이 증가하고 있는 가운데 AI 의료 기기 허가 건수는 2017년도 0건에서 2020년도 61건으로 지속적인 증가 추이를 보이고 있기에 이에 대한 대응이 필요함을 강조하고 있다. 한국의 식품의약품안전처는 2017년 세계 최초로 '빅데이터 · 인공지능(AI) 기술이 적용된 의료기기의 허가' 기준을 발표했으며, 2025년 1월에는 세계 최초 '생성형 인공지능(AI) 의료 기기 허가 · 심사 가이드라인'을 공개하는 등 관련 분야에서의 정책적 접근이 매우 긴밀하게 이뤄지는 중이다. 이는 데이터 송수신 통신망을 활용한 진료에 대한 규제가 비교적 엄격한 한국의 의료 정책 환경을 반영한 것으로 볼 수 있으며, COVID-19 이후 비대면 진료 확대 등으로 점차 변화를 보이고 있는 가운데 AI와의 연계 방안이 모색된 결과로도 이해할 수 있다. 따라서 이들 가이드라인에서는 AI의 기계 학습이 산출한 결과물이 환자에게 끼칠 수 있는 위해성 등 다양한 의료 윤리적 고민이 담겨 있다.

AI의 등장으로 인한 고용과 노동 환경의 변화도 한국의 관점에서 깊이 있게 다뤄지고 있다. 이는 앞서 살펴본 다양한 국제 기구의 AI 가이드라인에서도 공통적으로 다뤄지고 있는 이슈인데, 한국에서는 노동 시장 변화에 대응하기 위해 신유형 직종을 보호하고 고용 보험 등 사회 안전망을 확대한다는 한국의 고용과 노동 환경 특수성이 반영되고 있다. 특히 플랫폼 종사자의 고용 보험 적용을 위한 법령 개정(고용 보험법 시행령, 플랫폼 종사자 보호법 제정)과 산업 안전 · 보건 개선 방안 연구 등 AI 시대 새로운 유형의 일자리에 대한 논의가 이뤄지고 있다.

2021년 5월에는 '사람이 중심이 되는 인공지능을 위한 신뢰할 수 있는 인공지능 실현 전략(안)'이 발표됐다. '누구나 신뢰할 수 있는 AI, 모두가 누릴 수 있는 AI 구현'

을 위한 3대 전략과 10대 실천 과제가 제시됐으며, 2025년까지 지속 · 단계적인 추진이 이뤄졌다. 주요 내용으로 △ 신뢰 구현 법제도 · 윤리 · 기술적 요구 사항을 종합한 AI '개발 지침서' 제작 · 보급, △ AI 제품-서비스에 대한 민간 자율 인증제 도입 · 지원, △ AI 원스톱 지원 플랫폼 운영, △ 설명 가능성 · 공정성 · 견고성 등 향상을 위한 신뢰성 원천 기술 개발 추진, △ 학습용 데이터의 신뢰성 확보를 위한 표준 기준 제시와 데이터 개방, △ 고위험 AI에 대한 국민 안전 · 신뢰성 향상 방안 연구, △ AI 윤리 기준 실천을 위한 윤리 교육 강화와 개발자 · 이용자용 점검표 보급, △ 윤리 · 신뢰성 향상을 위한 공론의 장인 '윤리 정책 플랫폼' 운영 등이다. 이처럼 AI가 신뢰성을 확보하기 위해 개발자들을 대상으로 한 가이드라인 확보, 올바른 학습과 교육을 위한 데이터 개방, AI 윤리 공론장 운영 등이 강조되는 배경에는 AI 챗봇이 빠르게 확산되는 가운데 딥페이크 등 사회적 이슈와 갈등을 도출하는 문제점이 대두되기 시작한 상황이 반영된 것이다. 또한 EU가 AI법을 설계하는 과정에서 '고위험 인공지능'에 대한 전면 규제 등 AI의 차등화된 규제가 본격적으로 논의되기 시작한 현황도 반영된 것으로 풀이된다.

윤리적 전환점을 제시한 생성형 AI

AI에 대한 윤리성을 강화하기 위한 법과 제도적인 영역에서의 논의가 진행되고 있는 가운데 생성형 AI가 빠르게 보급되기 시작하면서 또 한 번의 전환점이 마련됐다.

2023년 방송통신위원회와 한국지능정보사회진흥원(NIA)은 『생성형 AI 윤리 가이드북』을 발간했다. 생성형 AI 이용자들이 염두에 두어야 할 사항들을 정리한 가이드북에는 2016년 구글 딥마인드(Google Deepmind)가 개발한 AI 알파고(AlphaGo)와 이세돌 9단의 바둑 대결이 소개되고 있다. 당시 이벤트는 AI와 인간의 대결이라는 점에서 큰 주목을 받았지만, 알파고는 일반인이 직접 경험하거나 체감할 수 없는 기술이기에 차츰 잊혀져 갈 수밖에 없었다. 하지만 2022년 11월 등장한 챗GPT는 일상에서 쉽고 빠르고 편리하게 활용 가능한 AI 환경을 조성함으로써 이용자 참여가 단기간에 이뤄질 수 있었다. 그리고 그만큼 AI 윤리의 필요성도 커졌음에 주목했다.

일례로 생성형 AI가 확산되기 직전 발표된 『인공지능 윤리 기준 실천을 위한 자율 점검표(안)』(과학기술정보통신부 · 정보통신정책연구원, 2022)의 경우 AI 분야 종사자를 대상으로 한 윤리성 구현 체크리스트로 구성되어, AI를 활용하는 데에 일반 이용자들의 참여도가 높지 않다는 점이 전제됐다.

하지만 가이드북이 발간된 2023년 12월 기준 생성형 AI는 텍스트(챗GPT, Bard, 뤼튼, AskUp 등), 이미지(DALL-E, Midjourney, Stable Diffusion 등), 영상(D-ID, VCAT, Runway, InVideo 등), 음성(클로바더빙, AI 보이스 스튜디오, Typecast, VoxBox 등), 글쓰기(Notion AI, Magic Write 등), 프로그래밍(GitHub Copilot, Tabnine 등)에 이르기까지 빠르게 범위와 기능을 확대해 나가고 있었다. 발빠른 언론사들의 경우 자사의 기사 콘텐츠를 생성형 AI와 접목한 뉴스 챗봇을 개발해 독자들에게 맞춤형 뉴스 소비 환경을 구축하는 등 미디어 기업에도 새로운 전환점이 제공되었다. 뉴스를 소비하기 위해 포털 사이트를 방문하던 시대도 이제 옛말이 된 것이다. 따라서 이제 더는 '목적 행위를 수행하기 위해 반드시 거쳐야 하는' 플랫폼의 역할과 기능도 변화하기 시작했다.

그렇기에 구글이나 MS와 같은 글로벌 빅테크 기업에서부터 스타트업에 이르기까지 많은 기업이 생성형 AI 시장에 뛰어들고 있는 것과 더불어, 개별 이용자들도 생성형 AI를 활용한 창작과 생산에 동참하기 시작하면서 'AI 윤리'라는 키워드는 이제 법과 제도만으로는 포괄하기 어려운 환경에 직면하게 됐다. 이에 국제 기구와 개별 국가들은 더욱 민첩하게 AI 윤리를 바로 세우기 위한 움직임에 돌입해야만 했다.

『생성형 AI 윤리 가이드북』(방송통신위원회 · 한국지능정보사회진흥원, 2023)은 저작권, 책임성, 허위 조작 정보, 개인 정보 · 인격권, 오남용 등 주요 이슈별로 민감한 주제와 관련한 질의 응답형 내용으로 구성된 이용자 중심의 AI 윤리 가이드라인을 제시하고 있다. 2020년 영국의 디지털윤리청(UKDigital Ethics Unit)이 발간한 『AI 윤리: 쉬운 안내서』와 같이 광범위한 이용자를 대상으로 한 AI 윤리 실천 가이드라인을 수립하는 동향이 빠르게 확산되고 있다.

생성형 AI가 확산되면서 개인 정보의 유출 · 악용에 대한 위험성도 더 커짐에 따라 개인정보보호위원회는 인공지능프라이버시 팀의 주관하에 『인공지능(AI) 개발 · 서비스를 위한 공개된 개인 정보 처리 안내서』(2024)를 발간했다. 생성형 AI를 개발하기 위한 학습 데이터의 핵심 원료로 사용되는 공개 데이터에 개인 정보가 활용될 우려가 높아지고 있지만, 현행 「개인정보보호법」에는 AI가 공개된 개인 정보를 처리하는 데에 적용될 수 있는 명확한 기준이 없다는 점에서 국민들의 프라이버시 침해가 우려된다는 것이 안내서 발간의 배경이었다.

영국은 2024년 웹 스크래핑(web scrappig: 웹 사이트에서 필요한 데이터를 자동으로 추출하는 기법)을 통해 수집한 데이터를 생성형 AI 학습에 사용하는 것에 '정당한 이익'이 인정될 수 있음을 밝힌 바 있으며, 프랑스는 AI 학습 목적으로 개인 정보 처리 시 '정당한 이익'이 인정되기 위한 기준을 2023년 제시한 바 있다. 미국 또한 2024년 4월 자국민의 개인 정보를 무분별하게 수집 · 활용하는 것을 막기 위한 연방 차원의 포괄적 개인 정보 보호법인 '미국 프라이버시 권리법' 제정안을 발의하는 데에 상 · 하원이 모두 합의함에 따라 진행 상황에 이목이 집중되고 있다.

이와 같은 개인 정보 유출과 프라이버시 침해에 대한 우려는 이미 인터넷과 SNS가 등장하면서 이슈가 됐지만, 생성형 AI의 경우 그러한 개인 정보를 AI의 학습 데이터로 사용한다는 점에서 더욱 엄격한 기준이 요구되고 있다. 이에 개인정보보호위원회는 2025년을 '안전한 개인 정보, 신뢰받는 인공지능 시대'로 선언하고 한국의 AI 전략에 걸맞은 개인 정보 규율 체계를 구축함으로써 인공지능 시대 데이터 프라이버시를 강화하겠다는 목표를 밝힌 바 있다. 이와 더불어 앞서 영국과 프랑스의 사례에서처럼 한국의 「개인정보보호법」에서 다루고 있는

'정당한 이익'의 범위를 AI 시대의 환경에 걸맞게 구체적으로 접근해야 할 필요성도 커지고 있다. 현행 「개인정보보호법」의 경우 제15조에서 '개인 정보 처리자는 정당한 이익을 달성하기 위해 필요한 경우로서 명백하게 정보 주체의 권리보다 우선하는 경우 개인 정보를 수집할 수 있으며 그 수집 목적의 범위에서 이용할 수 있다'라고 규정하고 있다. 생성형 AI가 학습과 서비스를 위해 공개데이터를 이용하려면 법에서 명시한 '정당한 이익'으로 인정돼야 하므로, 이에 대한 상세한 접근이 요구되고 있다.

참고문헌

개인정보보호위원회(2024). 『인공지능(AI) 개발·서비스를 위한 공개된 개인정보 처리 안내서』.

과학기술정보통신부·정보통신정책연구원(2022). 『인공지능 윤리 기준 실천을 위한 자율 점검표(안)』.

관계부처 합동(2019.12.17). 인공지능(AI) 국가전략.

관계부처 합동(2020.12.13). 사람이 중심이 되는 인공지능(AI) 윤리 기준.

관계부처 합동(2020.12.24). 인공지능 법·제도·규제 정비 로드맵.

관계부처 합동(2021.5.13). 사람이 중심이 되는 인공지능을 위한 신뢰할 수 있는 인공지능 실현 전략(안).

방송통신위원회·한국지능정보사회진흥원(2023). 『생성형 AI 윤리 가이드북』.

08

글로벌 플랫폼의 AI 가이드라인과 미디어 윤리

국제기구와 개별 정부 차원에서 AI 윤리에 대한 움직임이 활발하게 이뤄지고 있는 한편, AI 플랫폼을 운영 중인 글로벌 빅테크 기업들도 AI 윤리를 구현하기 위한 실천 전략 수립에 동참하고 있다. 신뢰받는 AI 생태계를 조성하기 위한 기업들의 플랫폼 전략을 살펴봄으로써, 산업과 시장의 동향을 진단한다.

AI와 한의학?

글로벌 빅테크, AI 생태계를 위한 이슈

생성형 AI가 등장하면서 전 세계는 그야말로 본격적인 AI의 시대로 진입했음을 실감하게 됐다. 이는 마치 스마트폰이 처음 등장했던 당시 "내 손 안의 작은 세상"이라는 광고 문구가 깊은 공감대를 형성했던 것과 유사한 반응이다.

언제, 어디서나, 쉽고, 편하게 이용 가능한 AI 시스템이 이용자들에게 매우 반갑게 다가오는 만큼 글로벌 빅테크 기업들의 고민도 더 커지고 있다. 더 정확하고, 예측 가능성이 높으며, 무엇보다 이용자를 안전하게 보호할 수 있는 AI 시스템을 구축하기 위해서는 기존의 IT 산업과는 또 다른 관점에서의 기술 역량을 확보해야 하기 때문이다.

한국지능정보사회진흥원(전진우, 2024)에 따르면 챗GPT 출현 이후 AI 시대가 도래하고 AI 성능이 입증되기 시작하면서 글로벌 기업은 자체적인 AI 역량(AI 모델, 인프라, 인재, 활용 · 확산 등)을 확보하기 위해 천문학적인 예산을 경쟁적으로 투입하는 등 기술 경쟁력을 선점하기 위해 노력하고 있다. 또한 챗GPT 출시 이후 AI에 대한 투자자의 관심도도 급상승함에 따라 시장 규모는 빠르게 커지고 있다.

하지만 투입되는 자금의 단위가 커질수록 기업들의 고민도 커지고 있다. AI 시장의 과열 경쟁이 심화될수록 AI 경쟁력을 강화하기 위해 투입돼야 하는 자본의 규모가 커지고 있어 '규모의 전쟁'이라는 지적이 있을 정도다. 그러한 가운데 2025년 1월, 중국의 오픈소스 AI 모델인 딥시크(DeepSeek)-R1이 서구의 빅테크 기업들이 장악하고 있는 AI 시장에 첫선을 보였다. 챗GPT와 비슷한 성능을 가진 딥시크-R1 개발에 투입된 비용은 약 558만 달러(한화 약 78억8000만 원)로, 이는 오픈AI가 최신 생성형 AI 서비스에 투자한 비용인 1억 달러(한화 약 1438억 원)의 20분의 1에 불과한 수준이다. 심지어 성능에서도 다수의 항목 진단에서 챗GPT와 유사하거나 넘어서는 결과를 보이는 것으로 나타나 전 세계의 주목을 받았다. 2024년 12월 발표된 딥시크의 기술 보고서에 따르면 트랜스포머 아키텍처에 기반한 챗GPT와 달리 딥시크는 MoE(mixture-of-experts) 아키텍처를 사용하여 효율적인 추론과 비용 효율적인 학습을 달성했다(DeepSeek, 2024).

이처럼 챗GPT와 비교할 때 매우 저렴한 비용으로 우수한 성능을 보이는 딥시크지만, 여전히 악성 공격이나 개인 정보 침해, 정보 검열, 시스템 안정성에 대한 문제

점은 지적되고 있다.

이에 AI 시스템을 보유한 빅테크 기업들은 앞서 살펴본 '신뢰받는 AI' 생태계를 구성하는 것이 곧 더 많은 이용자들의 참여와 활용으로 연결된다는 가장 기본적인 명제를 시스템에 반영해 오고 있다. EU, OECD, UN과 같은 국제 기구들이 '신뢰', '지속 가능성', '인간성', '인류애'와 같은 보편적 가치들을 AI 윤리성 구현의 방향으로 제시했다면 빅테크 기업들은 건강한 산업 생태계 조성이라는 관점에서 이러한 가치들을 다양하게 해석하고 있다.

마이크로소프트의 AI 가이드라인

2016년 마이크로소프트는 인지 서비스(Cognitive Services)라는 이름으로 AI 기술을 시작했으며, 2018년 애저(Azure) 머신 러닝을 출시해 개발자들이 AI 모델을 빠르게 생성하고 배포할 수 있는 플랫폼을 제공했다. 2020년 공동 작업이 가능한 인스턴트 메신저 겸 인터넷 화상 통화 서비스인 팀스(Teams)에 AI 기능을 통합해 사용자 경험을 개선하고, 마이크로소프트 365 코파일럿(Copilot)을 출시해 생성형 AI 서비스를 본격적으로 제공하기 시작했다. 특히 마이크로소프트의 대표적인 생산성 애플리케이션인 워드, 엑셀, 파워포인트, 아웃룩 등에 코파일럿을 결합해 명칭 그대로 365일 이용자와 함께하는 AI 환경을 구축해 오고 있다.

2022년 『책임 있는 AI 표준(Responsible AI Standard)』 보고서 두 번째 버전을 발표한 마이크로소프트는 '책임 있는 AI 표준' 6가지를 제시하고 있다. 해당 기준을 발표하며 마이크로소프트는 "법과 규범은 AI의 고유한 위험이나 사회의 요구를 따라잡지 못하고 있음에도 불구하고 우리의 원칙의 의미와 이를 어떻게 지킬 수 있는지에 대한 구체적이고 실행 가능한 지침이 필요했다"고 기술하고 있다. 이와 함께 제시된 책임 있는 AI 지침 여섯 가지는 다음과 같다(Microsoft, 2022).

첫째, 책무성 목표(accountability goals). AI 시스템의 책임성 확보는 물론, 사용자와 관계자들에게 책임을 지는 방법을 제공함으로써 사회적 책무성을 강화함을 제시한다. 특히 시스템 개발 초기 단계에서 제품의 비전과 요구 사항을 정의할 때 사람 · 조직 · 사회에 대한 시스템 영향 평가를 수행하고 그러한 평가는 EU의 'AI 사무소(AI Office)'와 같은 표준화된 템플릿을 활용함을 명시하고 있다. 이러한 영향 평가는 새로운 의도된 사용이 추가되거나 새로운 단계가 진행되기 전, 최소 매년 진행함을 원칙으로 한다. 특히 민감한 사용이나 제한된 사용에 대한 정의를 실시간으로 업데이트해 검토하고 이를 AI 사무소에 보고하는 등의 피드백을 강조하고 있다. 또한 적절한 데이터 거버넌스와 관리를 수행하기 위해 데이터 수집 · 처리 절차를 문서화하고, 학습용 데이터 세트의 양과 적합성을 평가해 이 또한 문서화함을 명시하고 있다. 또한 배포 중과 배포 후의 시스템 문제 해결, 관리, 운영, 감독, 통제를 담당하는 이해관계자를 식별해 그들의 감독 · 통제 책임도 문서화하도록 하고 있다.

둘째, 투명성 목표. AI 시스템의 작동 방식과 결정 과정을 투명하게 설명하고, 이를 통해 신뢰를 구축한다는 내용이 담겨 있다. 이를 위해 의사 결정을 위한 시스템을 이해관계자들이 명료하게 이해할 수 있도록 하고, 이해관계자들이 정보에 입각한 결정을 내릴 수 있도록 AI 시스템의 능력과 한계에 대한 정보를 제공한다. 또한 마이크로소프트 AI 시스템은 사람들에게 AI 시스템과 상호작용하고 있거나, AI가 생성 또는 조작한 콘텐츠를 사용하고 있다는 사실을 알려 준다.

셋째, 공정성 목표. AI 시스템이 공정하게 작동하도록 하고, 편견이나 차별을 방지한다. 이를 위해 식별된 모든 인구 집단에 대해 유사한 품질의 서비스를 제공하며,

특히 소외된 집단에 대한 자원이나 기회 할당에서 격차를 최소화하는 것을 목표로 한다. 고정관념, 비하, 삭제 출력의 위험을 최소화하기 위해 상시 평가를 진행한다는 점도 강조하고 있다. 마이크로소프트는 이 세 번째 원칙에 가장 많은 체크리스트를 포함하고 있다.

넷째, 신뢰성 · 안전성 목표. AI 시스템이 신뢰할 수 있고 안전하게 작동하도록 한다. 전체 시스템 오류들에서부터 훈련, 배포, 추가 운영 등 모든 AI 시스템 작동 범위의 운영 요소들을 문서화하고 지속적인 평가를 수행한다. 또한 예측 가능하거나 알려진 오류의 복구 시간을 최소화하기 위한 영향 평가도 정기적으로 실시하며, 지속적인 모니터링과 피드백을 수행한다.

다섯째, 개인 정보 보호와 보안 목표. 사용자 데이터를 보호하고, AI 시스템의 보안을 강화한다. 마이크로소프트의 AI 시스템은 자사의 개인 정보 보호 표준과 보안 정책에 따르도록 설계되어 있다고 설명하고 있으나, 이 부분에 대한 구체적 체크리스트나 평가 항목은 제시되지 않고 있다.

여섯째, 포용성 목표. 다양한 사용자와 사용자 요구를 충족시키기 위해 AI 시스템을 설계한다. 마이크로소프트의 AI 시스템은 자사의 접근성 표준에 따라 포괄성을 갖도록 설계돼 있다고 하나, 이 부분에 대한 구체적 체크리스트나 평가 항목은 제시되지 않고 있다.

이처럼 마이크로소프트는 빅테크 기업 중 AI 시스템의 선진 주자로서 '책임 있는 AI 시스템 구축'을 목표로 여섯 가지의 지침을 제시하고 있으며 그중에서 책무성, 투명성, 공정성, 신뢰성 · 안정성과 관련해서는 매우 상세한 세부 지침을 확보하고 그에 따른 평가도 적극적으로 수행해 오고 있는 것으로 보인다.

구글의 AI 가이드라인

구글은 AI 분야에서 약간 늦은 출발을 보였는데, 2021년 공개된 람다(LaMDA: Language Model for Dialogue Applications)가 그 출발점이었다. 람다는 명칭에서도 알 수 있듯이 대화형 애플리케이션을 위한 언어 모델로 자연스러운 대화 능력과 맥락 이해 능력을 갖췄기에 당시로서는 매우 혁신적인 모델이었다. 2023년 2월 람다를 기반으로 개발된 대화형 AI 서비스 바드(Bard)가 출시됐으며, 2개월 뒤 팜2(PaLM2: Pathways Language Model 2)가 바드와 결합해 100개 이상의 언어를 이해하고 생성하며, 복잡한 추론 능력과 코딩 능력도 갖추게 됐다. 그리고 2023년 5월, 현재 구글을 대표하는 생성형 AI

모델인 제미나이(Gemini)가 공개됐다. 텍스트, 이미지, 오디오, 비디오 등 다양한 형태의 데이터를 이해하고 생성할 수 있는 멀티모달 능력을 갖췄으며, 2024년 5월 프로 1.5 버전으로 업데이트됐다.

구글의 AI 원칙(AI Principle)은 2018년도에 이미 수립됐다. 구글의 AI 원칙은 AI의 잠재력에 대해 낙관적이지만, 한편으로는 첨단 기술이 명확하고 사려 깊고 긍정적으로 해결해야 할 중요한 과제들도 안고 있다는 데에서부터 출발한다. 이에 책임감 있는 AI 기술 개발을 위해 다음과 같은 일곱 가지 원칙을 제시하고 있다(Google, 2018).

첫째, AI 기술은 사회적으로 유익해야 한다(be socially beneficial). AI의 발전은 사회의 광범위한 분야에 변혁적 영향을 미칠 것이므로, 기술의 잠재적 개발과 사용을 고려할 때에도 광범위한 사회 경제적 요인을 고려해야 함이 강조된다. 또한 국가의 문화적 · 사회적 · 법적 규범을 준수하는 범위 내에서 구글의 AI 기술이 운용될 것이며, 비상업적인 관점으로 기술의 활용을 평가할 것이라는 점을 강조했다.

둘째, 불공정한 편견을 방지해야 한다(avoid creating or reinforcing unfair bias). 구글의 AI 알고리듬과 데이

터세트는 인종, 민족성, 성별, 국적, 소득, 성적 지향, 능력, 정치적 또는 종교적 신념과 같은 영역에서 불공정한 편견을 반영 · 강화하거나 줄임으로써 사람들에게 부당한 영향을 미치지 않도록 노력할 것임을 제안하고 있다.

셋째, AI 시스템은 안전하게 설계되고 테스트돼야 한다(be built and tested for safety). AI 기술로 인해 의도치 않은 결과와 피해가 발생할 위험을 예방하기 위해 제한된 환경에서 AI 기술을 테스트하고 배포 후 작동 과정을 모니터링할 것임을 제시하고 있다.

넷째, AI 기술 개발과 활용에 대한 책임 소재가 명확해야 한다(be accountable to people). 구글의 AI 기술은 적절한 인간의 지시와 통제를 받게 될 것이라는 점으로 기술의 책무성을 설명하고 있다.

다섯째, 개인 정보 보호 원칙을 통합한다(incorporate privacy design principles). 구글의 AI 기술은 개발 · 사용 과정에서 개인 정보 보호 원칙을 통합함으로써 데이터 사용에 대한 적절한 투명성과 통제를 제공한다.

여섯째, 과학적 우수성에 대한 높은 기준을 유지한다(uphold high standards of scientific excellence). 구글은 기술 혁신을 과학적 방법과 개방적 탐구, 지적 엄격성, 그리고 정직성과 협업에 대한 헌신에 기반해야 함을 강조하고 있다. 이에 따라 AI 개발 과정에서도 높은 수준의 과학적 우수성을 지향하며, 다양한 이해관계자와의 협력을 통해 과학적으로 엄격하면서도 학제 간 접근이 가능한 방식을 활용할 것임을 강조하고 있다. 그리고 더 많은 사람이 유용한 AI 애플리케이션을 개발할 수 있도록 교육 자료, 모범 사례 · 연구를 게시하여 AI 관련 지식을 책임감 있게 공유할 것임을 원칙으로 하고 있다.

일곱째, AI 기술은 위와 같은 원칙에 부합되는 용도로만 사용한다(be made available for uses that accord with these principles). AI 기술을 개발하고 배포하는 과정에서 잠재적으로 유해하거나 해로운 애플리케이션을 제한하기 위해 노력함을 제안한다.

이처럼 구글은 마이크로소프트와 유사한 관점에서 AI 원칙을 제시하고 있으나, 과학적 기준을 높이 설정한다는 구글만의 관점이 반영된 것이 그 특징이다.

오픈AI의 AI 가이드라인

챗GPT를 출시해 전 세계적인 생성형 AI 열풍을 불러일으킨 오픈AI는 2025년 1월 29일 이용 정책을 업데이트했다. 총 64개 언어로 제공되는 오픈AI의 이용 정책에서는 "당사의 도구의 안전하고 책임감 있는 사용을 도모하는 동시에 도구 사용 방식에 대한 귀하의 제어권을 극대화하고자 함"이라는 취지를 서두에 제시하고 있다.

오픈AI는 자사가 제공하는 모든 서비스에 적용되는 범용 정책을 수립했으며, 본인 또는 타인이 사용할 애플리케이션을 생성하기 위해 챗GPT나 자사의 API를 사용하는 개발자들을 위한 구체적인 정책도 수립했음을 강조하고 있다. 또한 "당사의 정책을 위반할 경우 귀하의 계정에 대한 정지 또는 해지 조치가 취해질 수 있으며, 당사의 모델이 유해한 지시를 거부하고 유해한 콘텐츠 생성 경향을 억제하도록 훈련함으로써 당사의 모델이 더욱 안전하고 유용하도록 작업하고 있다"며 매우 강력한 이용자 규제와 자율 규제를 제시하고 있다는 점도 다른 기업들과 차별화되는 부분이다.

우선 범용 정책과 관련해서는 "혁신과 창의성을 극대화하기 위해서는 법을 준수하고 자신이나 타인에게 피해를 주지 않는 범위 내에서 유연하게 서비스를 이용할 수 있어야 한다"는 원칙을 제시하고 있다.

관련 법률 준수에 대해서는 타인의 개인 정보를 침해하거나, 관련 규정을 준수하지 않고 규제되는 활동을 하거나, 아동의 착취 또는 피해와 불법적인 내용 · 제품 · 서비스의 개발 · 배포 등 불법적 활동을 조장하거나 하는 일에 관여하지 않아야 함을 제시한다.

그리고 본인이나 타인을 해치는 데에 서비스를 사용하지 않아야 함과 관련해서는 자살 또는 자해를 조장하거나, 무기를 개발 또는 사용하거나, 타인을 해치거나, 재산을 파괴하거나, 또는 서비스나 시스템 보안을 침해하는 무단 활동을 하기 위한 용도로 사용하지 않을 것임을 강조한다.

타인에게 피해를 주기 위해 자사의 서비스 결과물을 용도 변경하거나 또는 배포하지 않아야 함도 강조되고 있다. 예를 들어 사기, 스팸, 왜곡, 괴롭힘, 성희롱, 명예훼손, 보호받는 속성에 따른 차별, 아동 성애화, 타인의 폭력 · 증오 또는 고통을 조장하는 행위를 위해 자사의 서비스 산출물을 공유하지 않아야 한다는 매우 상세한 사례들이 열거되고 있다.

오픈AI는 자사의 API(application programming interface: 소프트웨어 간 데이터 교환 규칙이나 프로토콜)가 확장 가능한 영향을 미치는 기능을 도입하고 있으므로 자사의 API를 사용하는 모든 경우에 적용되는 서비스별 정책도 제시하고 있다.

첫째, 타인의 개인 정보 보호와 관련해 관련 법률 요건을 준수하지 않고 개인 정보를 수집 · 처리 · 공개 · 추론 또는 생성하는 행위, 안면 인식 등 식별이나 평가를 위한 생체 인식 시스템 사용, 스파이웨어 · 통신 감시 또는 개인의 무단 모니터링을 허용하는 행위를 금지하고 있다.

둘째, 타인의 안전, 복지 또는 권리를 현저히 저해할 수 있는 행위를 하거나 조장하지 않아야 한다. 이와 관련해 적격 전문가 검토 없이 AI의 도움을 받은 사실과 잠재적 한계를 공개하지 않고 맞춤형 법률, 의료 · 보건 또는 재무 자문을 제공하는 행위가 금지된다. 개인의 안전, 권리 또는 복지에 영향을 미치는 영역(예: 법률 집행, 이민, 주요 인프라 관리, 제품의 안전 구성 요소, 필수 서비스, 신용, 고용, 주택, 교육, 사회적 점수 매기기 또는 보험)에서 중요한 자동화된 의사 결정을 금지한다. 현실에서 도박 또는 단기 대출을 조장하는 행위, 특정 인구 통계에 따라 맞춤화되거나 특정 인구 통계를 겨냥한 캠페인 자료 생성 등 정치적 캠페인이나 로비 활동도 금지된다. 투표 절차 또는 자격을 허위 진술하고 투표 불참을 조장하는 등 민주적 절차를 저해하는 행위도 금지된다.

셋째, 타인을 고의로 기망하거나 오도함으로써 피해를 주기 위해 자사의 플랫폼을 남용하지 않아야 한다. 예를 들어 허위 정보, 잘못된 정보 또는 허위 온라인 참여 반응(예: 의견, 검토)을 생성 또는 홍보하는 행위, 동의 또는 법적 권리 없이 다른 개인 또는 단체를 가장하는 행위, 학업 부정행위에 관여하거나 이를 조장하는 행위, 문맥상 분명한 경우를 제외하고 자동화된 시스템(예: 챗봇)이 AI와 상호 작용하고 있다는 사실을 사람들에게 공개하도록 보장하지 않는 행위가 열거되고 있다.

마지막으로 API 사용 과정에서도 미성년자에게 부적절한 도구를 개발하지 않아야 함을 강조한다. 노골적이거나 함축적으로 성적인 콘텐츠를 특정하고 있는데, 여기에는 과학 또는 교육 목적으로 생성된 콘텐츠는 포함되지 않는다.

챗GPT를 이용한 개발 과정에서는 다음과 같은 세부 원칙들이 제시된다.

첫째, 타인의 개인 정보를 침해하지 않아야 한다. 여기에서 개인 정보 보호의 범위로 △ 관련 법률 요건을 준수하지 않고 개인 정보를 수집, 처리, 공개, 추론 또는 생성, △ 결제 카드 정보(예:신용 카드 번호 또는 은행 계좌 정보), 정부 식별자, API 키 또는 비밀번호, △ 안면 인식 등 식별이나 평가를 위한 생체 인식 시스템 사용, △ 스파이웨어나 통신 감시 또는 개인에 대한 무단 모니터링을 용이하게 하는 행위를 제시하고 있다.

둘째, 타인의 안전, 복지 또는 권리에 중대한 영향을

미칠 수 있는 활동을 수행하거나 조장하지 않아야 한다. 여기에는 △ 사용자를 대신한 무단 조치, △ 맞춤형 법률, 의료 · 보건 또는 재무 자문 제공, △ 개인의 권리 또는 복지에 영향을 미치는 영역(예: 법률 집행, 이민, 주요 인프라 관리, 제품의 안전 구성 요소, 필수 서비스, 신용, 고용, 주택, 교육, 사회적 점수 매기기 또는 보험)에서 자동화된 의사 결정, △ 실제 현금 도박 또는 단기 대출을 용이하게 하는 행위, △ 특정 인구 통계에 맞추거나 특정 인구 통계를 대상으로 하는 캠페인 자료 생성 등 정치적 캠페인 또는 로비 활동, △투표 절차 또는 자격을 허위 진술하고 투표를 방해하는 등 민주적 절차에 참여하지 못하도록 하는 행위가 포함된다.

셋째, 타인에게 허위 정보 제공, 허위 진술 또는 오도를 하지 말아야 한다. 여기에는 △ 허위 정보, 잘못된 정보 또는 허위 온라인 참여 반응(예: 의견, 검토)을 생성 또는 홍보하는 행위, △ 동의 또는 법적 권리 없이 다른 개인 또는 단체를 가장하는 행위, △ 학문적 부정행위에 관여하거나 이를 조장하는 행위, △ 제3자의 콘텐츠를 필요한 허가 없이 사용하는 행위, △ GPT의 목적에 관하여 다른 사람을 허위 진술하거나 오도하는 행위가 포함된다.

넷째, 미성년자에게 부적절한 도구를 개발하지 않아야 한다. 과학 또는 교육 목적으로 생성된 콘텐츠를 제외한 노골적이거나 함축적으로 성적인 콘텐츠, 특히 13세 미만 사용자를 대상으로 하는 도구는 개발을 금지하고 있다.

이 외에도 오픈AI는 GPT 스토어에 대한 가이드라인도 별첨하고 있는데, 여기에서는 △ 이름에 비속어를 포함하거나 사실적인 폭력을 표현하거나 조장하는 GPTs, △ 연애 조장 또는 규제 활동 수행에 전념하는 GPTs를 허용하지 않는다고 밝히고 있다.

이처럼 오픈AI는 앞서 살펴본 마이크로소프트, 구글과 같은 빅테크 기업들과 달리 매우 상세한 가이드라인을 제시하고 있으며, 무엇보다 이용자 맞춤형의 관점에서 지속적으로 업데이트해 오고 있다. 특히 어린이와 청소년 보호, 허위 정보 생성 · 배포에 대한 규제, 여론 조작과 부적절한 마케팅 금지 등 생성형 AI가 오용될 수 있는 명확한 위해성의 요인들이 담겨 있음을 알 수 있다. 이러한 특징은 오픈AI가 비영리 기구로 출발했고, 현재는 영리 부문을 비영리 부문이 총괄하는 형태로 운영되고 있으며, 향후 공익 법인으로 전환할 계획을 밝히는 등의 조직적 특성도 반영된 것으로 해석된다.

참고문헌

이인준(2025.2.1). "개발비 20분의 1"...딥시크 AI판 바꿀까?[저비용 AI 뭐길래①]. ≪뉴시스≫, https://www.newsis.com/view/NISX20250131_0003049128

전진우(2024). 『글로벌 빅테크 기업의 AI 투자고민』(The AI Report). 한국지능정보사회진흥원.

DeepSeek(2024). DeepSeek-V3 technical report. https://arxiv.org/pdf/2412.19437

Google(2018). AI principle. https://ai.google/responsibility/principles/

Microsoft(2022). *Microsoft responsible AI standard, v2.* https://query.prod.cms.rt.microsoft.com/cms/api/am/binary/RE5culu

OpenAI(2025.1.29). Usage policies(updated: 2025.1.29). https://openai.com/policies/usage-policies/

09

AI 시대 미디어 윤리의 시사점

AI와 관련한 윤리적 이슈는 기존의 미디어 윤리 이슈와는 다른 차원에서 검토돼야 한다. 다양한 사례를 중심으로 한 윤리적 이슈를 진단함으로써, AI 시대 올바른 미디어 윤리의 방향성이 무엇인지를 살펴본다.

AI와 화장품?

AI가 불러온 새로운 미디어 윤리

지금까지 살펴본 바와 같이 AI의 시대는 AI와 생성형 AI를 기준으로 나뉜다고 해도 과언이 아닐 정도로 생성형 AI가 우리에게 미친 영향력은 크다. 따라서 생성형 AI가 등장한 이후 AI의 미디어 윤리에 대한 논의도 빠르게 확장되고 있음을 확인할 수 있었다.

AI 기술의 발전으로 인해 발생하는 윤리적 문제점으로 환각, 편향과 확증 편향, 에코 챔버 등이 제시됐고 이러한 이슈들은 대중의 AI 활용이 증가할수록 더욱 빠르게 확장되고 있다. 또한 이용자가 AI를 활용해 콘텐츠를 제작하는 생성형 AI가 대중화되면서 저작권, 지식 재산권, 표현의 자유와 허위 조작 정보 등의 이슈도 기존의 미디어 윤리와는 다른 차원에서 논의되고 있다.

이에 본서에서는 국제 기구별 · 국가별 AI 윤리 가이드라인을 살펴보았고, 더불어 글로벌 빅테크 기업들의 AI 윤리 실천 전략도 함께 살펴봤다. 이를 통해 다음과 같은 특징이 발견됐다.

EU, OECD, UN 등 국제 기구의 AI 관련 정책과 가이드라인을 살펴본 결과 '신뢰받는 AI 환경 조성'을 위한 '보호'와 '혁신'이라는 큰 틀의 공통 가치 아래 가장 뚜렷하게 나타난 특징은 '표준화된 AI 규범'이었다. EU와

OECD는 회원국들을 대상으로 국가 간 개별화된 규제가 아닌 통일된 규범의 프레임워크를, UN은 '글로벌 AI 거버넌스'가 강조됐다.

EU, OECD, UN의 AI 가이드라인에서 나타난 또 다른 공통점은 '인간 중심', '윤리적 고려', '투명성과 책임성', '국제협력', 그리고 '데이터 프라이버시'다. 이는 AI 기술이 인간을 위한 도구여야 한다는 점, AI 기술이 사회에 미치는 영향까지 고려해야 하므로 기술 개발에서부터 활용에 이르기까지 윤리적 고찰이 필요하다는 점, 국경을 초월한 영향을 미치므로 글로벌 협력과 정보 공유가 필요하다는 점, 그리고 개인 정보 보호가 필요하다는 점이 공통적으로 강조됐음을 의미한다.

EU의 AI법은 법적 규제에 초점을 두고 있으며, OECD는 정책 권고를 통해 회원국들이 AI 정책을 수립하고 위험 프레임워크를 구축하는 데에 필요한 가이드라인을 제공한다는 점에서 법적 강제력의 유무에는 차이점이 발견됐다. 특히 EU의 AI법은 AI의 위험도에 따른 기술 분류 시스템을 반영해 차등화된 규제를 시행하고 있는 반면, OECD는 권고 사항을 통해 자율 규제를 장려하고 있다. UN은 글로벌 거버넌스를 강조하기에 국가 간 규제의 조화를 추구하는 데에 주력하고 있다.

이처럼 법과 원칙, 강제성의 유무라는 관점에서 차이점이 있으나 국제 기구들의 AI 가이드라인은 공통적으로 AI 기술이 인간성을 침해하지 않고 인간의 권리를 보호하는 범위 내에서 혁신과 지속 가능성의 기술로 구현될 수 있는 방안을 제시해 오고 있다.

반면, AI 플랫폼을 운영 중인 빅테크 기업들이 제시하는 AI 가이드라인은 국제 기구의 규범과 차이점이 명확하게 나타났다. 8장에서 살펴본 마이크로소프트, 구글, 오픈AI의 AI 가이드라인은 '책임 있는 AI 개발 · 활용'이라는 점에서 공통성이 발견된다. 특히 EU와 OECD가 AI 기술의 개발에서 활용에 이르기까지 윤리적 책무성을 강조한 것을 반영해 '책임성(accountability)'이 명확하게 제시되고 있으며, 이를 기반으로 '윤리적 AI 개발', '이용자 보호', '법률 · 규정 준수'와 관련한 내용이 공통적으로 반영됐다.

하지만 마이크로소프트의 경우 AI 시스템 개발 초기 단계에서부터 사회적 영향 평가를 수행하는 등 '영향 평가'와 '데이터 관리'에 많은 비중을 두고 있다면, 구글은 기술 혁신을 위한 '과학적 우수성'과 '사회 경제적 요인 고려'를 중요하게 다루고 있다는 점에서 차이점이 발견됐다. 오픈AI의 경우 매우 상세한 이용자 가이드라인과 함께 민간 기업으로서는 이례적으로 매우 강력한 이용자 규제 원칙을 제시하고 있으며, API와 마켓 이용자들을 위한 개별 정책을 마련하는 등 구체적인 세부 원칙을 제시하고 있다. 이처럼 AI 기술의 개발과 배포가 이뤄지는 시장의 영역에서도 다양한 관점이 제시되고는 있지만, AI가 인간을 위한 기술로서의 윤리적 가치를 가져야 한다는 관점이 공통적으로 발견됐다.

AI 시대, 윤리 정립은 현재 진행 중

AI가 윤리적으로 개발되고 활용될 때 비로소 인류의 지속 가능한 혁신이 이뤄질 수 있을 것이라는 대전제에 이의가 제기되지 않는 가운데, 윤리적 수용의 다양한 관점들은 곳곳에서 실시간으로 형성되고 있다.

데이터 송수신의 과정에서 핵심적인 역할을 수행하는 이동 통신 사업자들도 발빠르게 이에 동참하고 있다. SK텔레콤의 경우 2024년 1월 AI의 신뢰성과 안전성을 확보하기 위해 대외 협력 담당(CGO)이 총괄하는 AI 거버넌스 전담 조직을 신설하고 'T.H.E.AI' AI 거버넌스 기본 원칙을 수립했다. '통신 기술을 기반으로, 사람을 위해, 윤리적 가치를 중심으로(by Telco, for Humanity, with Ethics AI)'라는 의미를 담고 있는 SK텔레콤의 AI 행동 규범은 디지털 약자가 발생하지 않도록 사회 문제 해결에 앞장서면서 관련 서비스 개발 전반에 구체적인 기준을 마련하겠다는 내용이 담겨 있다(조현영, 2024.10.16). KT는 2024년 인간 존엄성과 공공성 증진이라는 기본가치를 기반으로 AI 윤리 원칙을 제정하고, RAIC(Responsible AI Center: 책임감 있는 인공지능 센터)를 신설함과 더불어 '모든 고객이 안심하고 활용할 수 있는 AI 혁신 파트너'라는 비전을 제시한 바 있다(KT, 2024).

미디어 리터러시 역량을 확보해야 할 교육계에서도 이와 같은 움직임은 활발하게 이뤄지고 있다. 경기교육청은 전국 최초 교과 과정과 연계한 『인공지능 윤리 교육 가이드북』을 2024년 10월 발간했다. 이에 앞서 부산광역시교육청은 전국 최초 『인공지능 기반 교육 가이드북』을 2019년 발간한 바 있다. 경상북도교육청은 2023년 11월 전국 공공 기관 최초 생성형 AI를 도입한 '인공지능 통합플랫폼 학교지원종합자료실'을 구축하고, 『생성형 AI 활용 길라잡이』 가이드북을 발간했다.

AI의 머신 러닝 과정에서 개방된 공공 정보의 학습이 매우 빠르게 이뤄지고 있는 점을 고려해, 공공 기관에서도 AI 시대에 걸맞은 접근이 이뤄지고 있다.

서울특별시의 경우 2024년 '서울시 AI 행정 추진 계획'

을 수립하고, 2026년까지 총 2064억 원을 투입해 시민 생활 개선에 나설 예정이다. 또한 '디지털 성범죄 AI 삭제 지원 프로그램', 인파 관리에 활용할 수 있는 'AI 기반 지능형 CCTV' 운영 등 다양한 분야에 AI 기술을 도입하는 등 편리하고 안전한 시민의 일상을 조성하는 데에 다양한 AI 기술을 접목해 나갈 계획이라고 밝혔다(스마트 서울 포털, 2025.2.3 검색). 2023년에는 서울디지털재단이 지방 자치 단체 최초 '생성형 AI 윤리 가이드라인'을 발표하기도 했다. 가이드라인에서는 '이용자 중심', '위험 예방', '지속 가능성'을 3대 기본 원칙으로 하여 △ 이용자의 검증 역량, △ 책임성, △ 데이터 권리와 책임, △ 사용 가능성 확보, △ AI 학습 데이터 안전성, △AI 윤리 소양, △ 공공성, △ 생태적 지속 가능성, △ 보안성을 9대 핵심 요건으로 제시하고 있다.

국가정보원은 2023년 『챗GPT 등 생성형 AI 활용 보안 가이드라인』에서 △ 민감한 정보 입력 금지, △ 정확성 · 윤리성 · 적합성 검증, △ 범죄 악용 금지, △ 저작권 확인, △ 악의적 활용 금지, △ 보안 취약점 확인, △ 보안 설정 강화 등 국민이 안전하게 생성형 AI를 활용하기 위한 지침을 제시한 바 있다. 또한 2025년에는 『국가 망 보안 체계 보안 가이드라인』을 발표했다. AI 시대 공공 데이터 활용을 촉진함과 동시에 보안성을 확보하기 위한 국가 망 보안 체계(National Network Security Framework)를 수립하고, 각급 행정 기관의 업무를 식별해 등급을 구분한 후 데이터 보안에 위협이 가해질 경우 등급에 걸맞은 보안 대책을 차등 적용하는 사이버 보안 프레임워크를 제시해 AI와 클라우드 등 첨단 정보 기술을 안전하고 원활하게 활용할 수 있도록 했다.

한국환경공단 또한 2025년 1월, 생성형 AI의 윤리적 활용을 촉진하고 지속 가능한 디지털 전환 문화 확산을 위한 『생성형 AI 윤리 가이드라인』을 발표했다. AI 이용자와 개발자 등이 주의해야 할 위험 유형별 핵심 요건으로 △ 이용자의 검증 역량, △ 데이터 권리와 책임, △ AI 학습 데이터의 안전성, △ 보안성, △ 생태적 지속 가능성 등이 제시됐다.

AI기본법이 미칠 영향

대한민국 국회는 2024년 12월 26일 본회의에서 '인공지능 발전과 신뢰 기반 조성 등에 관한 기본법안'(일명 AI 기본법안)을 통과시켰다. 2026년 1월부터 시행됨에 따라 한국도 국가 단위의 AI법을 확보하게 됐다.

제1조에서 "이 법은 인공지능의 건전한 발전과 신뢰

기반 조성에 필요한 기본적인 사항을 규정함으로써 국민의 권익과 존엄성을 보호하고 국민의 삶의 질 향상과 국가 경쟁력을 강화하는 데 이바지함을 목적으로 한다"라고 명시된 AI기본법은 국외에서 이뤄진 행위라도 국내 시장 또는 이용자에게 영향을 미치는 경우에는 적용(제4조)된다고 명시하고 있다. 특히 인공지능의 개념적 정의를 다루고 있는 제2조에서 "고영향 인공지능"(제4호)을 "사람의 생명, 신체의 안전 및 기본권에 중대한 영향을 미치거나 위험을 초래할 우려가 있는 인공지능 시스템"으로 별도 규정하고, 에너지, 먹는 물, 보건 의료, 의료 기기, 원자력, 범죄 수사와 체포에 관한 생체 인식 정보, 채용, 대출 심사 판단 또는 평가, 교통 안전 등 국민의 생명과 신체 안전, 기본권 보호에 중대한 영향을 미치는 영역을 상세히 제시하고 있다는 점이 특징이다. 이는 EU의 AI법이 AI의 기술적 위험성을 등급 분류에 차등 규제하고 있는 관점을 반영한 것으로 해석된다.

한편, AI법은 제4장에서 '인공지능 윤리와 신뢰성 확보'를 별도로 규정하고 있다. 이에 따르면 정부는 인공지능 윤리 원칙을 대통령령으로 정하는 바에 따라 제정·공표할 수 있으며(제27조), 인공지능 연구개발 기관·사업자는 민간 자율 인공지능 윤리위원회를 둘 수 있다(제

28조). 또한 정부는 인공지능이 국민의 생활에 미치는 잠재적 위험을 최소화하고 안전한 인공지능의 이용을 위한 신뢰 기반을 조성하기 위한 시책을 마련(제29조)해야 하며, 과학기술정보통신부 장관은 AI 개발에 관한 가이드라인 보급 등 인공지능의 안전성 · 신뢰성을 검증 · 인증하기 위한 지원(제30조)을 해야 한다. 또한 AI 사업자에게는 투명성(제31조)과 안전성(제32조)을 확보할 의무를 부여하고 있으며, 고영향 인공지능과 관련한 사업자에게는 더욱 엄격한 책무(제34조)를 부여하고 있다. 또한 고영향 인공지능에 대한 영향 평가(제35조)에 대한 규정도 별도로 제시하고 있으며, 이러한 사업자의 의무를 위반하거나 시정 명령을 이행하지 않을 경우 3000만 원 이하의 과태료(제43조)를 부과한다는 강제 조항도 확보하고 있다. 2026년 1월부터 시행 예정인 가운데 하위 법령과 가이드라인 마련 등에 대한 후속 조치도 이뤄질 전망이다. 이와 같은 한국형 AI 규범의 프레임워크가 마련된다면, 앞으로 AI를 대상으로 한 개인 정보 보호와 데이터 보안은 더 체계적으로 관리될 것으로 기대된다. 또한 정부 차원에서 AI 윤리 원칙과 실천 방안이 지속적으로 업데이트됨으로써 더욱 안전한 AI 생태계 조성에 다가갈 수 있을 것으로 기대된다.

참고문헌

국가정보원(2023). 『챗GPT 등 생성형 AI 활용 보안 가이드라인』.

국가정보원(2025). 『국가 망 보안체계 보안 가이드라인』.

서울디지털재단(2023.11.24). [보도자료]서울디지털재단, 시민의 안전한 AI 일상화를 위해 지자체 최초로 생성형 AI 윤리 가이드라인 발표.

스마트서울 포털. https://smart.seoul.go.kr/board/1/22160/board_view.do

인공지능 발전과 신뢰 기반 조성 등에 관한 기본법(법률 제20676호).

조현영(2024.10.16). SKT, 'AI 행동규범' 수립…"전 구성원 실천 서약". ≪연합뉴스≫, https://www.yna.co.kr/view/AKR20241016042400017

한국환경공단(2025.1.13). [보도자료]한국환경공간, 생성형 AI 윤리 가이드라인 발표…디지털 혁신 선도.

KT(2024). KT Responsible AI Report. https://corp.kt.com/KT_RAI_Report.pdf

10
AI 시대 미디어 윤리의 미래

앞으로 우리에게 다가올 AI의 세계는 훨씬 더 방대해질 전망이다. 공간 컴퓨팅의 시대가 도래하면 AI는 더는 컴퓨터와 스마트폰의 화면 속에서만 존재하는 것이 아니며, 실재보다 더 그럴듯한 실재로 꾸며진 가상 공간으로 우리를 초대할 것이다. 여기에 초고속 대용량 서비스 구현이 가능해지는 6G 이동 통신 서비스도 AI와의 조우를 기다리고 있다. 앞으로 우리는 AI가 가져올 미래 사회를 준비하는 윤리적 관점도 고민해야 한다.

종교와 AI?

포스트 모바일 시대, AI의 공간

지금까지 AI가 가져온 변화와 혁신, 그리고 위협과 규제를 살펴보았는데, 사실 이러한 현상은 인류의 역사에서 새로운 미디어 기술이 등장할 때마다 어김없이 나타났다.

인류 역사에서 미디어 혁명은 뚜렷한 역사적 전환점과 함께해 왔다. 구술과 필사의 시대에서 인쇄 기술이 등장하면서 콘텐츠의 대량 생산이 최초로 가능해짐에 따라 '매스 미디어(mass media)' 시대로 진입하게 됐으며, 이에 따른 사회-경제-문화적 혁명은 기존의 인류 역사에서 발견할 수 없었을 정도의 큰 족적을 남겼다. 누구나 읽고 쓰기가 가능해짐에 따라 지식과 교양을 갖춘 시민 계층이 등장하고, 이들을 중심으로 여론이 형성되고, 시민 혁명과 산업 혁명, 종교 혁명 등 중세에서 근대 사회로의 패러다임이 변화됐다.

원거리 실시간 커뮤니케이션이 가능한 전파 기술이 등장하면서 인류는 텔레커뮤니케이션 시대로 진입했으며, 이때부터 국가 간 무역 등 커뮤니케이션의 범위가 전 지구적 영역으로 확장됐다.

라디오와 텔레비전의 등장으로 인쇄 매체에서 시청각 매체로의 전환이 이뤄지면서 다양한 문화 콘텐츠 시장도 확장되기 시작했고, 인류는 정치 · 경제적 배경뿐만 아니라 문화적 영역에서도 '지구촌' 시민이 되었다.

그리고 인터넷이 등장하면서 인류 역사는 아날로그에서 디지털 시대로 진입하는 또 한 번의 큰 패러다임 변화를 경험했다. 이때부터 시간과 공간의 장벽 없이 실시간 개인화된 미디어를 이용해 커뮤니케이션이 가능해졌으며, 스마트폰이 등장하면서 불어닥친 '모바일 혁명'은 또 다른 변화를 가져왔다. 시공간의 장벽을 넘어선 인류의 커뮤니케이션이 이제는 이동성까지 확보하게 된 것이다.

이러한 가운데 인류는 '포스트 모바일 시대'에 진입하고 있다. 바로 '공간 컴퓨팅(saptial computing)'의 영역이 등장한 것이다. 눈에 잡히는 공간 컴퓨팅의 서막을 연 것은 애플이 2023년 공개한 '비전 프로(Vision Pro)'다. 무려 3,500달러(한화 약 460만 원)에 달하는 고가의 디바이스이지만 사전 예약에만 18만 명이 몰렸고, 2024년 기준 약 1조 원의 매출을 기록한 비전 프로는 사람들에게 공간 컴퓨팅의 시대가 현실화됐음을 각인시켰다(ITWorld, 2024.4.3).

2003년 사이먼 그린월드(Simon Greenwold)가 MIT 석사 논문에서 최초로 언급한 공간 컴퓨팅은 '기계가 실제 물체와 공간에 대한 참조를 유지하고 조작하는 인간과의 상호 작용'이다. 기계는 실제 물체의 위치와 방향뿐만 아니라 사용자의 위치와 방향에서 해당 물체에 대해 추적할 수 있는 기술이다(한국지능정보사회진흥원, 2023). 일반적인 컴퓨팅과 공간 컴퓨팅의 차이점을 보면 쉽게 이해할 수 있다. 예를 들어 컴퓨팅의 경우 내가 PC나 태블릿, 스마트폰 등 디지털 디바이스를 이용해 영화나 소설을 보는 것이다. 이는 컴퓨팅 기능이 장착된 미디어 도구에 내 시선이 갇혀 있어야 함을 의미한다. 하지만 공간 컴퓨팅의 경우 비전 프로와 같은 고글을 착용하고 나의 시선이 향하는 모든 곳에서 컴퓨팅이 가능하다. 즉, 내가 스마트 TV로 보고 있던 영화를 시선이 이동하는 경로에 따라 벽과 천장을 통해서도 볼 수 있고, 치열한 전투가 치러지는 LoL 게임을 좁은 화면이 아니라 넓은 체육관 안에서 팀원들과 함께 실감나게 즐길 수 있다. 모바일 혁명이 시공간의 장벽을 너머 이동성을 우리에게 선사했다면, 공간 컴퓨팅은 여기에 공간의 장벽까지도 없애버리는 기술을 제공하는 것이다. 공간 컴퓨팅이 등장하면서 우리는 증강 현실(augmented reality, AR), 가상 현실(virtual reality, VR), 나아가 확장 현실(extended reality, XR) 등의 용어를 새롭게 경험하게 된다.

여기서 우리가 주목해야 할 개념이 확장 현실(XR)이다. 확장 현실은 공간 컴퓨팅의 핵심 기술로, 컴퓨팅과 인터페이스를 포괄하며 몰입감과 공간감을 결합시킨 기술이다. 증강 현실과 가상 현실이 모두 포함되는 개념으로 360도 3차원(3D) 콘텐츠가 존재한다. 그렇기에 기존에 우리가 경험한 '로블록스'나 '제페토'와 같은 메타버스와는 차원이 다른 몰입감을 가져다줄 것으로 기대된다.

최근에는 이러한 확장 현실에 기반한 공간 컴퓨팅에 AI를 결합한 다양한 청사진이 제공되고 있다.

한상열(2024)은 공간 컴퓨팅과 AI가 메타버스에 융합되면서 나타날 진화 방향을 크게 3가지로 예상했다. 첫째, '공간의 진화'다. 물리적 공간은 가상 공간과 접목되어 새로운 부가 가치 창출이 일어날 것으로 전망된다. 예를 들어 인간의 육안으로는 보이지 않지만, 공간 컴퓨팅 기술을 접목하면 빈 공터에도 다양한 콘텐츠가 등장하는 '신(新)공간화', 모든 공간이 개인 맞춤형 디지털 공간으로 탈바꿈하는 '초(超)공간화'로 진화하면서 AI가 활동하는 배경이 될 것이다. 둘째, '기기의 진화'다. '비전 프로'와 같이 가상 현실과 증강 현실을 넘나드는 공간 컴퓨팅 특화 기기가 발전되면서 AI 기능이 탑재된 온디바이스(on-device: 기기 자체에 AI가 내장돼 서버나 클라

우드 연결 없이 모바일 기기 자체적으로 정보 처리가 가능한 디바이스)도 확산될 것으로 예상된다. 생성형 AI와 같은 멀티모달 AI가 이제는 스마트폰이나 태블릿의 좁은 화면을 벗어나 내 시선이 향하는 모든 공간으로 확장할 수 있다는 의미다. 셋째, '경제의 진화'다. 경계가 없는 디지털 공간에 새로운 서비스들이 등장하면서 다양한 경제·문화적 가치 창출이 예상된다. 가상 현실에서만 즐길 수 있었던 아바타가 이제는 내 눈앞에서 나와 공존할 수 있게 되면서 어쩌면 우리의 삶 전반이 크게 변화할 수 있을 것으로 예상된다. 이에 따라 '디지털 공간 경제'가 부상할 것으로 기대된다.

6세대 이동 통신과 AI

그렇다면 이렇게 구체적으로 준비된 공간 컴퓨팅 기술은 왜 아직 내가 체감하지 못하는 걸까? 애플의 '비전 프로'는 예약 판매까지 줄을 잇고 있지만, 왜 정작 선구매자들에게 반응도는 그리 높지 않은 걸까?

많은 기술적 이유가 있겠지만, 가장 큰 요인은 공간 컴퓨팅을 대중화할 통신망이 아직 준비되지 않아서다. 인간의 모든 감각 기관과 상호 작용할 수 있는 공간 컴퓨팅이 구현되기 위해서는 현재의 5G 통신 기술로는 한계가 있다. 홀로그램, 확장 현실, 메타버스 등은 초고속 대용량 통신 기술이 뒷받침돼야 하기 때문이다. 이에 지금의 5G 통신 기술보다 최대 50배 빠른 차세대 통신 기술인 6G의 등장 시점이 초미의 관심사가 되고 있다.

한국은 2019년 세계 최초로 5G 이동 통신 서비스를 시작했으며, 기존 4G LTE보다 최대 20배 빠른 기술로 사물 인터넷과 AI 등을 본격적으로 연구 개발할 수 있는 환경이 마련됐다. 이에 정부와 기업 등은 한국에서 6G 이동 통신 서비스가 상용화되는 시점을 2029~2030년으로 전망하고 있다. 6G의 이론상 최고 속도는 초당 1테라비트(1Tbps)다. 초당 기가비트(Gbps)로 환산하면 1000Gbps, 5G 통신 최고 속도인 20Gbps보다 50배나 빠르다. 네트워크 반응 속도를 뜻하는 지연도는 0.1밀리초로 1만분의 1초라는 얘기다. 이는 5G 지연도의 10분의 1 수준이다. 6G는 100GHz 이상 초고주파수 대역을 활용하여 5G보다 50배 빠른 전송 속도와 10배 빠른 반응 속도, 10배 많은 기기를 연결할 수 있는 차세대 이동 통신을 말한다. 6G는 5G 성능 고도화, 인공지능 기반 네트워크 최적화, 해상 · 공중 · 우주 등 커버리지 확대를 통해 가상과 현실을 시공간 제약 없이 연결하는 지능형 통신 인프라로 발전할 전망이다(한국방송통신전파진흥원, 2022). 예상대로라면 우리는 2030년에는 AI 기술이 탑재된 다양한 형태의 디바이스를 활용해 오감이 반응하는 홀로그램 통신, 자율 주행, 메타버스 여행을 자유롭게 즐길 수 있게 된다.

이러한 기술의 변화는 이미 산업의 영역에서도 활발하게 진행되고 있다. 일례로 SK텔레콤은 2023년 국내 통신사 최초로 6G(6세대 이동 통신) 백서를 발간한 데에 이어 2024년 그 연장선상에서의 미래 네트워크에 대한 두 번째 백서를 발간했다. 백서는 6G와 AI의 결합을 통해 실시간 데이터 처리와 AI 서비스를 동시에 제공하는 '텔코 에지 AI 인프라(Telco Edge AI Infra)' 개념을 제시했다. 또한 이동 통신사가 네트워크의 가치를 지속적으로 높여 나가야 구글이나 아마존 웹 서비스 등과 같은 하이퍼스케일러(Hyperscaler)의 대규모 AI 데이터 센터, 스마트폰·노트북 등 단말에서 동작하는 온디바이스 AI와 차별화된 가치를 제공할 수 있다는 점에서 단계적 기술 표준화와 연구 개발에 지속적인 노력을 가할 것임을 강조하고 있다.

머지않은 미래의 AI와 윤리

6G를 기반으로 한 공간 컴퓨팅의 세상에서 AI를 이용하

는 우리의 관점과 태도는 지금과는 또 다른 양상을 보일 것이다. 3D 공간을 배경으로 하기에 현실보다 더 그럴듯하고 스펙터클한 경험이 가능한 가상 공간에 머무르는 시간이 더 많아질 수 있을 것이고, 그곳에서 만나는 이용자들은 실제 사람이 아닐 수도 있다. 사람들이 새로운 공간에서 더 오랜 시간을 머무른다면 발빠른 기업과 뉴스 미디어들도 그곳으로 마케팅과 뉴스룸의 비중을 높이게 될 것이다. 그렇다면 우리는 지금까지 살펴본 AI 시대 미디어 윤리와는 또다른 관점과 차원에서 고민해야 할 것이다. 공간 컴퓨팅이 만들어 낸 가상 공간에서 발생한 이슈를 기사화해 뉴스로 배포했다면, 우리는 과연 그 뉴스를 팩트체크할 수 있을 것인가? 이러한 고민이 조만간 우리에게 성큼 다가올 수도 있는 것이다.

우선 우리의 프라이버시가 보호돼야 할 공간적 범위가 지나치게 확장됨에 따라, 개인 정보 보호 등에 대한 새로운 접근이 요구된다. 공간 컴퓨팅 기술은 사용자의 위치 정보를 실시간 추적할 수 있으며, 여기에는 현행 AI 관련 규범들이 엄격하게 규제를 가하고 있는 안면 인식이나 생체 정보까지도 포함될 수 있다. 하지만 현행법은 이러한 가상 공간으로까지 영향을 미치지 못한다. 따라서 새로운 공간에서 AI가 다루게 될 개인 정보와 프라이버시 등 기본권을 보호할 수 있는 윤리적 · 규범적 논의가 이뤄져야 할 것이다.

둘째, 지금처럼 스마트 디바이스를 이용해 AI와 소통하는 것과 달리, 현실성과 몰입도가 매우 높아진 AI와의 교류가 이뤄지므로 편향과 확증 편향, 환각 등 AI의 윤리적 이슈들에 대한 이용자들의 리터러시 역량이 훨씬 더 많이 요구될 것이다. 문제는 이러한 물리적 공간을 넘어서는 편향성이 도시와 교통 안전 등 실제 공간으로까지 영향을 미치게 될 가능성도 있다. 이에 최근 공간 컴퓨팅과 관련한 연구들에서는 '지리 공간 데이터'의 편향성과 보안에 대한 이슈들이 다수 제기되고 있다(Petrocchi et al, 2024; Zufle, 2019 등).

셋째, AI 시스템의 의사 결정 과정이 지금보다 더 복잡해짐에 따라 투명성 · 설명성 · 견고성을 확보하기 위한 규제가 더욱 엄격하게 이뤄져야 할 것이다.

넷째, 가상 공간에서의 범죄, 안전성 침해 등 현행법으로는 보호와 규제가 어려운 영역들이 많아진다. 따라서 기존 AI 윤리 규범에 더해 패턴 식별이나 공간적 방법, 알고리듬에 대한 윤리적 접근이 무엇보다 중요하며, 역으로 AI가 공간 데이터를 수집 · 분석하고 적용하는 방식에 대해서도 연구자와 실무자가 책임 있는 결정을 내릴 수 있도록 하는 프레임워크가 필요함(Gupta et al., 2023)이 강조되고 있다.

참고문헌

한국지능정보사회진흥원(2023). 『공간 컴퓨팅이 가져올 세상 변화』(Digital Insight 2023). https://www.nia.or.kr/common/board/Download.do?bcIdx=26112&cbIdx=82618&fileNo=1

한국방송통신전파진흥원(2022). 6G 이동통신 시대를 준비하는 우리의 자세. ≪ICT산업 Hot Clips≫, 76. https://www.kca.kr/hot_clips/vol76/sub02.html

한상열(2024). 『메타버스의 진화: 공간컴퓨팅과 AI 융합』(SPRi 이슈리포트 IS-169). 소프트웨어정책연구소.

ITWorld(2024.4.3). 『포스트 모바일 시대의 서막, 공간 컴퓨팅의 이해』.

SK telecom(2024). 『SK텔레콤 6G 백서』.

Gupta, J., et al.(2023). Towards responsible spatial data science and Geo-AI. In *IC3-2023: Proceedings of the 2023 Fifteenth International Conference on Contemporary Computing* (pp.545-551).

Petrocchi, E., et al.(2024). GeomEthics: Ethical considerations about using artificial intelligence in geomatics. In *Image Analysis and Processing: ICIAP 2023 Workshops conference paper*(pp.282 – 293).

Zufle, A.(2019). Visions and challenges in GeoAI, ethics, and spatial quantum computing. *Sigspatial Special*, 11(2), pp.2 – 4.

박선미

언론학 박사와 NGO학 박사를 취득한 뒤 현재 동의대학교 미디어커뮤니케이션학과 강사로 활동하고 있다. 사회자본연구소 대표이사로도 재직 중이며, 커뮤니케이션과 로컬 커뮤니티를 연계하는 다양한 연구와 교육 활동을 수행하고 있다. 영상물등급위원회 전문위원(2013~2017), LG헬로비전 부산방송 시청자위원(2018~2021), 부산콘텐츠마켓 집행위원(2013~2024) 등 다양한 미디어 콘텐츠 분야에서 활동을 해 왔다. 최근에는 AI를 비롯해 다양한 뉴미디어 기술을 접목한 로컬 단위의 실험적 연구들도 수행하고 있다. 주요 논문으로 "헬스케어 App을 통한 비대면 데이터 송수신 시스템 구축 연구"(2024), "시민사회 자발적 결사체의 결사기법에 따른 사회적 자본 형성 전략 분석"(2019), "지역 단위 사회자본 구축에 있어서 자발적 결사체의 역할과 기능"(2017) 등이 있다.